高职高专财经商贸类专业系列教材

企业行政管理实务

主　编　罗建华　安四明
副主编　杨利勤　王　频　张亚薇
参　编　张艳芳　汪海燕　刘　博　张　洁

机械工业出版社

本书内容从企业行政管理工作的实际出发，根据业务分为 8 个项目，包括走进企业行政管理、企业行政事务管理、企业行政协调与沟通管理、企业人力资源管理、企业公共关系管理、企业安全保障管理、总务后勤管理、企业文化建设。书中采用图表结合的方式提炼企业行政工作中的要点和标准，同时通过"经典范例""实用案例"等栏目，对相关知识点进行了丰富和拓展，为学生走向行政管理工作提供实用的操作工具。

本书不仅适用于高职高专工商企业管理专业、人力资源管理专业师生，也适合企业经营管理者、行政管理人员及从业人员阅读和使用。

图书在版编目（CIP）数据

企业行政管理实务/罗建华，安四明主编．—北京：机械工业出版社，2020.6（2024.8 重印）
高职高专财经商贸类专业系列教材
ISBN 978-7-111-65484-1

Ⅰ．①企… Ⅱ．①罗… ②安… Ⅲ．①企业管理—行政管理—高等职业教育—教材 Ⅳ．①F272.9

中国版本图书馆 CIP 数据核字（2020）第 069194 号

机械工业出版社（北京市百万庄大街 22 号　邮政编码 100037）
策划编辑：孔文梅　　　责任编辑：孔文梅
责任校对：聂美琴　　　封面设计：马精明
责任印制：单爱军
保定市中画美凯印刷有限公司印刷
2024 年 8 月第 1 版第 14 次印刷
184mm×260mm・10.25 印张・250 千字
标准书号：ISBN 978-7-111-65484-1
定价：34.00 元

电话服务	网络服务
客服电话：010-88361066	机　工　官　网：www.cmpbook.com
010-88379833	机　工　官　博：weibo.com/cmp1952
010-68326294	金　书　网：www.golden-book.com
封底无防伪标均为盗版	机工教育服务网：www.cmpedu.com

前　言

本书介绍了企业行政管理工作的具体流程与制度，突出行政职业能力的培养，以便让学生入职后知道应该做什么、如何去做，并以此推进行政管理工作的规范化，提升组织的执行力。

本书从企业行政管理工作的实际出发编写，以流程和制度为核心，从走进企业行政管理、企业行政事务管理、企业行政协调与沟通管理、企业人力资源管理、企业公共关系管理、企业安全保障管理、总务后勤管理、企业文化建设方面，介绍了各类组织的行政管理工作中比较通行的操作流程和管理体系。

本书从学生实际需要和社会发展现状出发编写，在以下三点形成突破：

1）体例结构上突破，注重可操作性。本书由 8 个项目，32 个任务组成。打破传统的教材编写惯例，每个项目下面设有"名人名言""能力目标""素养目标""任务描述""项目任务分解图""任务导读""课堂实操""课堂评价"等模块。注重任务实施的过程性、可操作性和评价性。课堂实操便于学生结合自己的学习、生活和任务实施状况进一步梳理自己、反思自己、升华自己。

2）内容上突破，注重理实一体。本书使教学过程从传统课堂延伸到课前，甚至是课后。书中的每一个任务都需要师生在课前进行准备、课堂实施，部分任务课后仍需完善，有助于形成人人都动，学生大动、教师小动，教师走下讲台作为任务实施的指导者、评价者甚至是直接参与者的课堂。相关知识点是学生在完成任务的过程中感悟和总结出来的，并由教师在此基础上进行了补充、修正和提炼。这种全新的教学过程是学生全员参与学习的过程，学生在任务实施的每一个环节不断体验、感悟、收获，能够真正实现学有所用。

3）教材功能上突破，注重多元性。本书的每一个任务都详尽写明任务实施的过程，运用图表的形式，归纳提炼要点，使企业行政管理工作清晰有序，并进行相关测试，及时检验学习者的学习效能，使得本书具有"指南"的功能。

本书的编写分工为：罗建华负责编写项目 1，王频负责编写项目 2，汪海燕负责编写项目 3，安四明、张洁负责编写项目 4，张亚薇负责编写项目 5，杨利勤负责编写项目 6，张艳芳负责编写项目 7，刘博负责编写项目 8。全书由罗建华统稿、定稿。

为方便教学，本书配备了电子课件、教学素材等教学资源。凡选用本书作为教材的教师均可登录机械工业出版社教育服务网 www.cmpedu.com 免费下载。如有问题请致电 010-88379375，服务 QQ：945379158。

尽管在编写时我们对编写体例和内容进行了反复推敲，但由于编者水平有限，书中难免有不足和疏漏，恳请专家和广大读者提出宝贵意见和建议，以便再版时进一步修改和完善。

编　者

目 录

前言

项目 1　走进企业行政管理 1
　　任务 1.1　了解企业行政管理岗位职责 2
　　任务 1.2　掌握企业行政管理技能 4
　　任务 1.3　认识企业行政专业技能 9

项目 2　企业行政事务管理 20
　　任务 2.1　企业行政办公室管理 21
　　任务 2.2　企业文书档案管理 27
　　任务 2.3　企业印章管理 30
　　任务 2.4　企业会议管理 36

项目 3　企业行政协调与沟通管理 44
　　任务 3.1　企业行政协调 45
　　任务 3.2　企业行政沟通 52
　　任务 3.3　掌握行政协调与沟通的艺术 56

项目 4　企业人力资源管理 61
　　任务 4.1　企业员工招聘 62
　　任务 4.2　企业员工培训 65
　　任务 4.3　企业员工任用与调配 68
　　任务 4.4　企业员工绩效管理 71
　　任务 4.5　企业员工薪酬管理 75
　　任务 4.6　企业员工职业生涯管理 80

项目 5　企业公共关系管理 85
　　任务 5.1　公关活动怎样做 86
　　任务 5.2　危机公关如何解 90
　　任务 5.3　对外关系如何处 94

项目 6　企业安全保障管理 100
　　任务 6.1　企业安全管理认知 101
　　任务 6.2　企业安全生产管理 108
　　任务 6.3　企业治安管理 115
　　任务 6.4　企业消防安全管理 120

项目 7　总务后勤管理 125
　　任务 7.1　车辆管理 126
　　任务 7.2　餐厅管理 130

任务 7.3	宿舍管理	*134*
任务 7.4	环境管理	*137*
任务 7.5	卫生管理	*140*

项目 8　企业文化建设 *143*

任务 8.1	企业文化规划	*144*
任务 8.2	员工活动管理与培训	*147*
任务 8.3	企业宣传管理	*150*
任务 8.4	运用企业网站展示企业文化	*153*

参考文献 *157*

项目1 走进企业行政管理

名人名言

管理是一个过程，通过它，大量互无关系的资源得以结合，成为一个实现预定目标的总体。

——卡斯特

能力目标

掌握企业行政事务管理流程。
掌握企业行政事务管理技能。
掌握企业行政事务专业技能。

素养目标

具备必要的企业行政管理能力。
具备必要的企业行政管理方法。
具备必要的企业行政管理知识。

任务描述

亲爱的同学，你想知道企业行政管理在企业主要做什么吗？行政部的职责是什么？行政管理人员的岗位要求有哪些？在管理过程中需要掌握哪些管理技能和专业技能？通过本项目的学习，会让你对企业行政管理有新的认识。企业行政管理可以分解为以下任务，如图1-1所示。

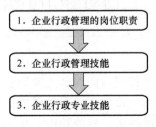

图1-1 项目任务分解图

任务1.1 了解企业行政管理岗位职责

任务导读

行政管理人员只有了解行政部在企业中所处的位置、职责权限、日常工作流程以及与其他部门的关系，才能顺利地开展工作。同时，行政管理人员还应明确一年的工作安排，这也是其岗位职责的一个重要组成部分。

➥ 想一想：你认为企业行政管理有哪些职责？

_____

_____

_____

1. 企业行政部的职责

张女士（刚入职的新人）：王经理（有多年工作经验的行政经理），我想请教您一个问题，要想开展行政部的管理工作，应该从哪里入手呢？

王经理：这个问题比较专业，要想顺利开展行政工作，首先要了解行政部在整个企业中所处的位置、职责权限、日常工作流程以及与其他部门的关系，只有这样，你才能够真正摸到行政管理工作的门路。

（1）行政部在企业中所处的位置

如图1-2所示，行政部主要负责企业的行政后勤、总务、保卫及秘书等方面的工作，是企业的综合办事部门。同时，行政部负责贯彻执行领导的指示，做好各部门之间的联络沟通工作，及时向领导反映情况、反馈信息，综合协调各部门的工作，督办和检查各项工作、计划。

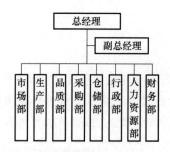

图1-2 行政部在企业中所处的位置

（2）行政部的部门职责

行政部作为企业的综合事务管理部门，其主要职责是为整个企业的运转提供支持和后勤保障，充分发挥其组织、协调、管理及服务的功能，促进企业日常经营管理工作高效运行。行政部的具体工作主要体现在来访接待管理、文书印信管理、会议会务管理、企业公关管理、安全保密管理、总务后勤管理等方面。

- 从企业行政部的职责判断，它属于　　　　　　　秘书部门　　综合部门
- 督办和检查各项工作、计划是否属于行政部的工作职责？　是　　　　不是

2．企业行政管理人员的岗位须知

行政管理人员需要明确自身的岗位要求以及工作内容。岗位要求对行政管理人员的任职提出各种条件，只有达到这些条件，行政管理人员才能胜任工作。工作内容则是行政管理人员的工作事项和必须了解的内容，见表1-1、表1-2。

表1-1　行政管理人员日常管理工作内容

序号	工作	具体内容
1	制订工作计划	行政管理人员的首要任务是制订清晰有效的工作计划，包括长期的战略规划以及年度培训计划、人员招聘计划、年度预算等
2	汇报工作和下达指标	汇报工作和下达指标是行政管理人员日常管理工作的一个重要组成部分，也是其必须掌握的基本管理技能。行政管理人员要学习汇报工作和下达指示的各种方法，并在工作中熟练运用
3	进行有效授权	行政管理人员在授权时，必须深入了解岗位职责。行政管理人员可按照责任大小将工作分类排序，选择工作中的重点部分进行监控，其他工作可授权给他人完成，但要注意进行必要的督导
4	团队管理	行政管理人员在团队中扮演着领导者的角色，其主要任务和职责就是管理整个团队，实现团队目标。行政管理人员要和员工一起制订计划，召开团队会议，修正错误
5	日常沟通	行政管理人员要充分认识到沟通的重要性，在沟通过程中发现问题时要及时解决
6	个人形象自检	要想做好行政管理工作，行政管理人员首先要做好个人形象自检工作。没有良好的个人形象，行政管理人员很难树立个人威信，也很难取得更大的成绩
7	自我反思	行政管理人员应该定期或不定期地开展自我反思工作，如实记录自身存在的问题，并及时予以解决

表1-2　行政管理人员专业管理工作内容

序号	工作	具体内容
1	企业行政管理体系建设	● 企业行政管理体系概述 ● 行政管理制度建设 ● 行政管理流程优化 ● OA办公系统建设 ● 行政人员配备
2	行政接待管理	● 常规接待事务管理 ● 行政接待礼仪管理
3	企业会议管理	● 会议筹备管理 ● 会议期间的管理工作 ● 会后管理工作 ● 会议成本控制
4	企业资产管理	● 企业印信管理 ● 办公用品日常管理 ● 办公设施管理 ● 企业车辆管理
5	文件管理	● 文件收发管理 ● 文件归档管理 ● 电子文件管理

（续）

序号	工作	具体内容
6	企业安全管理	● 消防安全管理 ● 日常安全管理 ● 突发事件处理 ● 值班安全管理
7	员工食宿管理	● 员工伙食管理 ● 员工宿舍管理
8	行政费用控制	● 行政费用预算控制 ● 日常行政费用控制 ● 节能减排管理
9	企业文化建设	● 企业文化建设规划 ● 开展企业文化培训活动 ● 员工活动开展与管理 ● 企业宣传管理 ● 运用企业网站展示企业文化 ● 运用内刊推动企业文化建设

拓展阅读

企业行政管理人员岗位要求

要做好企业行政管理工作，对从业人员有以下五个方面的要求。

1）个人形象要求。行政管理人员若没有一个良好的个人形象（服装配饰、言谈举止、神态），即便能力强、管理到位，也会让别人对他的评价大打折扣。

2）心理素质要求。行政管理人员应该有过硬的心理素质，如做事果断的作风、坚韧不拔的意志和承受心理压力的能力。

3）专业知识要求。行政管理人员的工作是一项贯彻上下的综合性工作，其必须具备行政管理、法律、社会等方面的专业知识。

4）个人能力要求。主要包括：管理能力、观察能力与预见能力、分析问题的能力、解决问题的能力、应变能力、控制能力。行政工作涉及面广，既复杂，又琐碎，只有能力强、素质高的人才能胜任。

5）职业道德要求。对于行政管理人员的职业道德要求不但要高于一般的社会道德要求，而且还要高于一般岗位的职业道德要求。

任务1.2　掌握企业行政管理技能

任务导读

管理技能是企业行政管理人员在日常管理工作中需要用到的一系列技能，如制订计划、进行有效授权、开展沟通工作等。行政管理人员只有掌握了这些基本管理技能，才能高效开展工作。

↘ 想一想：企业行政管理人员需要哪些技能？

_____
_____
_____

1. 制订工作计划

行政管理人员要想提高企业行政管理效率，就必须制订好工作计划，确定工作计划的内容。工作计划的内容具体包括：做什么、为什么做、何时做、何地做、谁去做、如何做。

1）做什么。明确工作内容及要求。例如，行政部的人才招聘计划要确定招聘的职位、需求人数及对应聘人员基本素质与技能的要求等，只有在招聘前确定这些内容，才不至于在人才筛选环节浪费时间和精力。

2）为什么做。明确制订工作计划的原因和目的并论证其可行性。行政管理人员只有把员工的态度从"要我做"转变为"我要做"，才能变被动为主动，充分发挥员工的积极性和创造性。

3）何时做。明确工作计划中各项任务的开始和完成时间，以便进行有效控制。

4）何地做。规定工作计划的实施地点或场所，了解工作计划的实施环境和限制条件，以便合理安排实施工作计划的地点。

5）谁去做。规定由哪些部门和人员实施工作计划。例如，要组织消防演习，行政管理人员就要安排好消防组织，并规定每个步骤的执行人，如灭火组、疏散组等。行政管理人员在工作计划中要明确规定每个阶段的责任部门、协助配合部门、责任人和协作人，还要规定由哪个部门、哪些人员参加鉴定和审核工作等。

6）如何做。规定工作计划的实施流程及相应的政策支持，配合调配行政资源，对各种派生计划进行综合平衡等。实际上，一个完整的工作计划还应该包括各项控制标准及考核指标等内容。也就是说，行政管理人员告诉计划执行部门和人员达到什么水平才算成功地完成了工作计划。

随堂测
- 制订计划、进行有效授权、开展沟通工作是技能吗？　　　　是　　　　不是

2. 汇报工作

行政管理人员向上级汇报工作时应该注意以下六个问题：

1）遵守时间，不可失约。行政管理人员应该遵守约定的时间，不要过早抵达上级的办公室，以免上级尚未做好准备；也不要迟到，以免上级等待过久。

2）轻轻敲门，经允许后才能进入。行政管理人员不可直接进入上级的办公室，即使门开着，也要用适当的方式告诉上级有人来了，以便上级及时调整状态。

3）汇报工作时，要注意仪表、仪态，站有站相，坐有坐相，文雅大方，彬彬有礼。

4）汇报工作时，要实事求是，吐字清晰，语调、声音大小恰当。有喜报喜，有忧报忧，语言精练，条理清楚，不可歪曲或隐瞒事实。

5）汇报结束后，上级如果谈兴犹在，不可表现出不耐烦，应等上级表示想结束谈话时才可离开。

6）离开时，要整理好自己的汇报材料、衣着以及茶具和座椅，当上级起身送别时，要主动对其说"谢谢"或"请留步"。

➡ 想一想：行政管理人员听取下级汇报工作时要注意哪些问题？

_____

_____

3．下达指示

在下达指示时，行政管理人员要注意以下五个问题：

1）行政管理人员下达指示的方式是多样的，可以是口头谈话、电话通知、书面通知、托人传递等方式，但若能当面谈话，就不要打电话；能打电话的，就不要书面通知（规定文件除外）；能书面通知的，就不要托人传递。此外，还要注意：在要求下级完成高难度项目时，要明确奖励机制和处罚机制，这样下级才会有努力完成工作的动力。

2）在下达指示之前，行政管理人员可以先询问下级一些相关的小问题，通过下级的回答，了解其对所谈话题是否理解并感兴趣，之后再把自己的真实意图表达出来。

3）行政管理人员应对下级说明下达指标的原因，要确保自己是在充分理解指标的基础上下达指示。

4）发出去的指示、命令，有时不得已要重新更正，而且常常要频繁更改，此时行政管理人员要加以说明；否则，会使下级产生不满情绪。

5）尽量当面下达指示、命令，必要的时候要进行示范和演练，在下达完指示后一定要让下级当面将指示、命令复述一遍，这样才能确认下级是否真正听清楚了、理解了，同时也可以知道自己是否传达清楚了。

4．进行有效授权

➡ 想一想：行政管理人员为什么要进行有效授权？其作用是什么？

_____

_____

（1）授权的要素

授权是将相关工作交给员工去完成，即工作指派、权力授予和责任担当。

1）工作指派。在授权的过程中，工作指派一般由行政管理人员完成。行政管理人员在指派工作时，不仅要令员工熟悉工作性质与工作范围，还要让员工了解行政管理人员要求的工作业绩。行政管理人员的某些工作不能指派给员工完成。例如，目标的确立、政策的研拟、员工的考核与奖惩等工作，都需要行政管理人员亲力亲为。

2）权力授予。行政管理人员授予员工的权力应以员工刚好能够完成指派的工作为限度。倘若授予员工的权力低于执行工作所需，则指派的工作将无从完成；反之，倘若授予员工的权力超过执行工作的需要，则会使权力失衡。因此，行政管理人员必须对所授予的权力进行必要的追踪、修正，甚至收回。

3）责任担当。行政管理人员向员工授权，就意味着员工对行政管理人员承担了与权力对等的一份责任，这是员工应担当的责任。另外，行政管理人员对所授权员工也有一份责任，即当该员工无法执行或错误地执行了工作指令时，行政管理人员要承担责任。

- 你认为在授权的同时，存在责任担当吗？　　　　存在　　　　不存在

（2）授权的方法

1）授权步骤。第一步：做出授权决定。行政管理人员要说明自己为何把工作授权给员工来做。授权是有回报的，一些员工一旦学会了完成某种任务的技能，日后无须重复交代，就能很好地完成这些任务。第二步：简明交代情况。行政管理人员要确保已向员工交代清楚工作，且员工完全明白自己的意思——要求员工做什么、什么时候完成及完成到什么程度。此外，行政管理人员还要在员工工作的过程中提供支持和指导。第三步：跟踪了解。在工作进行的过程中，行政管理人员要检查工作的质量，积极提供反馈意见。行政管理人员要谨防把事情做过头，因为有效的监督与过分的干预之间只有一线之隔。行政管理人员要准备一张核查表，帮助自己监督已授权工作的进度。

2）全面授权。在授权时，行政管理人员除了要交代清楚任务之外，还必须提供顺利完成任务所需的全部信息。为了避免产生误解，行政管理人员要花时间解释清楚自己要的是什么，这部分任务将来如何融入自己的总体计划中去；与员工讨论可能出现的困难和应对方法，并回答员工在工作过程中产生的疑问。

3）强化被授权的职责。对于授权他人完成的任务，行政管理人员要设定明确的完成时间。授权他人完成任务不仅是将项目的控制权交给了下属，同时也交付了对这项任务的职责。

管理个案

某公司成立于2019年，是一家由一个"90后"的年轻小伙张俊创立的服装公司。公司成立之初，只有56名员工，主要是生产制造服装的一线工人，还有几名服装设计师和若干名业务员。张俊作为总经理，事必躬亲，经常亲临指导和指挥，站在生产第一线，与员工关系融洽，员工也非常配合，都辛苦地工作。公司逐渐发展壮大，员工已达500人，张俊依然像往常那样站在第一线指挥。他自己越来越感到力不从心，公司的管理也越来越乱，到底是哪里出了问题呢？

请你回答：

从企业行政管理所需技能的角度来思考，张俊应该如何做？

5. 沟通管理

➡ 想一想：行政管理的日常沟通方式有哪几种？

_____

_____

_____

（1）沟通方式

企业行政沟通是指企业行政工作中，部门与部门之间、工作人员之间为了达成某种目标，用语言、文字、图片、动作等交换有关问题的内心感受、观念、意见、事实与信息等，以期望获得相互的了解并产生一致行为的过程。如果没有沟通，企业的共同目的就难以为所有成员了解，也不能使协作的愿望变成协作的行动。沟通如果有效，则双方会迅速得到准确有用的信息；反之，有可能花费了大量的时间，而得到的只是一些模糊甚至是错误的信息。

企业行政管理的沟通方式很多，概括起来有以下几种：

1）文字形式。文字形式是指以报告、备忘录、信函等形式进行沟通。采用文字形式进行沟通的原则为：文字要简洁；如果文件较厚，应在文件之前加目录或摘要；合理组织内容，将最重要的信息放在最前面；要有清晰、明确的标题。

2）口语形式。口语形式是指面对面进行沟通，沟通者应具有丰富的知识、较强的自信心，还要做到发音清楚、语调和善等。

3）非口语形式。非口语形式是指伴随沟通的一种非语言行为，具体包括眼神、面部表情和手势等。

（2）沟通方法

行政人员与员工沟通时应掌握以下方法：

1）欢迎别人提出不同意见；

2）感谢别人的建议；

3）先听后说；

4）中间不做情绪化的直接反应；

5）态度诚恳，说话实际。

（3）沟通原则

1）适度性原则。管理沟通的频率既不能太多，也不能太少，应根据企业具体业务与管理的需要，适度、适当地设置，以能达到管理目的为基准。太多的沟通成本太高，会使企业资源浪费。太少的沟通又使得必要的管理沟通缺乏渠道和机会，信息交流受到人为限制，管理的质量和强度受到影响，严重影响企业生存发展的大局。

2）针对性原则。管理沟通的针对性原则是指，所有管理沟通的活动与过程设计，都是为了解决企业管理中的某些具体问题，支持、维护企业正常高效运行而设置的，每一项管理沟通活动都有其明确合理的针对性。虽然不同企业的管理沟通具有一定的共性，但每个企业的内外部条件、管理传统、企业文化等因素却是个别的、独特的。因此，每个企业的管理与管理沟通均应该具有自己的个性化特征。

（4）需要立即沟通的情况

行政管理人员一定要与员工沟通以下情况：

1）阶段性绩效考评结束之前的绩效沟通。这是最重要的，也是最有必要的沟通。

2）员工工作职责、内容发生变化。在这种情况下，行政管理人员应向员工解释哪些内容发生了变化，变化的原因是什么，这种变化对企业有什么好处，同时征求员工对这种变化的看法，最后要重新确认变化后的工作职责和内容。

3）员工在工作中出现重大问题或未完成某个具体的工作目标。注意沟通时的语气，行政管理人员要本着帮助员工发现原因或认识错误本质的目的，向员工表明沟通是为了解决问题并帮助其在工作上有所提高，而不是为了追究责任，希望其能坦诚分析原因。

4）员工表现发生明显变化，如表现优异或非常差。行政管理人员要对表现优异的员工提出表扬，并适当了解和分析其出现变化的原因，以加强和延续其良好势头；行政管理人员要向表现非常差的员工指出其表现不佳的地方，询问其是否遇到了什么问题，帮助其找出原因和制订改进措施，并在员工日常工作中不断给予指导和帮助。

5）员工工资、福利或其他利益发生重大变化。行政管理人员要对员工说明这种变化的原因，不管是增加还是减少，都要向其解释企业这么做的依据。尤其是减少时，更要表达企业对调整的慎重态度，并表明什么时间会再次做出调整，调整的依据是什么。

6）员工提出合理化建议或看法。如果员工的建议被采纳，行政管理人员应及时告知员工并进行奖励，明确指出该建议对企业发展的帮助，对员工提出这么好的建议表示感谢；如果员工的建议未被采纳，行政管理人员也应告知员工建议未被采纳的原因，表明企业和本人对其建议十分重视，肯定其对企业工作的关心和支持，希望其继续提出合理化建议。

7）员工之间出现矛盾或冲突。行政管理人员要了解和分析出现矛盾的原因，然后进行调节，主要从双方的出发点、对方的优点、对工作的影响、矛盾的无足轻重等方面与双方分别进行沟通。涉及其他部门人员时，可以请其他部门经理帮助一起做思想工作。

8）员工对自己有误会。合格的行政管理人员首先要检讨自己，看自身有无不妥或错误之处，如有，则提出改进方案或措施，向员工道歉并说明自己改进的决心和措施，希望员工谅解。

9）新员工到岗、员工辞职。新员工到岗后，行政管理人员要确定其工作职责和工作内容，明确工作要求和个人对其殷切期望。通过沟通，了解员工情况，帮助其制订学习和培训计划。

10）员工生病或家庭发生重大变故。行政管理人员应关心员工的生活，要为生活困难的员工提供力所能及的帮助。

- 你认为沟通是一门艺术吗？　　　　　　　　　是　　　　不是

任务1.3　认识企业行政专业技能

任务导读

为使企业的行政工作规范化、程序化、制度化，进一步加强管理和协调，明确办公程序，提高办公效率，促进企业战略目标的实现及各项业务的发展，企业行政管理人员必须关注企业行政管理制度建设，熟知办公事务管理、接待管理、会议管理、文书管理、法务管理、行政经费管理，以及企业文化建设。

1. 行政管理制度建设

➘ 想一想：行政管理制度的文件有哪几种？

_____

_____

_____

（1）行政管理制度的组成及内容

一个完整的、可操作的行政管理制度应包括以下三个要素：

1）制度基本内容。制度基本内容包括制度的制定目的、适应范围、约束条例和考核条例等。

2）制度操作流程。依据基本内容绘制操作流程图，通常可用流程图绘制软件 Visio 来实现。

3）制度操作表单。制度基本内容与操作流程所涉及的表单通常可用 Word、Excel 制作。

根据管理活动的特点、性质及其活动大小等，管理制度的文件可分为以下八种：

1）章程。章程是指严格依照法律法规要求，规范企业行为和治理结构等方面的管理制度。

2）条例。条例是规范某一类对象、某一系统（工程）、某一系列活动的综合性管理制度。

3）职责。职责是对工作这一特定对象制定的管理制度，包括对各管理层，各级、各类岗位职责与相关工作的描述。

4）守则。守则是确定员工行为规范的管理制度。

5）办法。办法是确定某一方面或特定管理对象、过程、活动的方法和要求的管理制度。

6）制度。制度是规范某一方面经营、管理活动行为准则的管理制度。

7）规定。规定是确定特定对象、过程、活动规范、准则的管理制度。

8）细则。细则是为实施制度、规定、守则、办法而制定的更为具体的管理制度。

（2）行政管理制度编写的格式要求

对于行政管理制度编写的格式，行政管理人员最好做出明确的规定。以下为某企业的制度编写格式要求。

某企业的制度编写格式要求

1）制度正文按照章、节、条、款、目的格式编写。正文的章、节、条分别用"第×章""第×节""第×条"表示。其中，正文的"条"不分章、节，采用连续顺序号表示；正文的"条"下设"款"，款下设"目"，"款""目"分别用阿拉伯数字序号"1.、2.、3.……"和"（1）、（2）、（3）……"表示；"目"之下的级别用"1）、2）、3）及①、②、③……"表示；再之下可以用英文字母"a.、b.、c.……"表示。

2）页面设置。所有制度均用 A4 纵向编制，不分栏，不设页码；上、下页边距分别为 3.4 厘米、2.4 厘米，左、右页边距分别为 3.0 厘米、2.6 厘米；正文行间距一般为 1.5 倍行间距。

3）字体及字号。

① 页眉文字用 5 号标准仿宋字体。

②制度首页表头的"企业名称""制度名称""编制部门"用4号黑体,表头的其他部分用小4号标准仿宋字体。

③正文章、节、条的顺序号用4号黑体加粗,正文的其他部分一律用4号标准仿宋字体;"附件×"用4号宋体加粗。

④制度中的附件(主要包括流程和表单)可根据实际需要选择合适的字号,标题用宋体,其他文字用标准仿宋字体。

4)制度正文的每个段落的首行都要缩进两个字符;"第×章""第×条"后面空一个字符;"总则"和"附件"的两字之间均空一个字符;"附件×"在页面左端顶部顶格写,不空字符;章、节的标题以及表单、流程均居于页面中间,其他文字两端对齐。

随堂测
- 你认为行政管理制度建设应该是?　　　　高大上　　　结合实际
- 每一个企业行政管理制度都是相同的吗?　相同　　　　不相同

2. 办公事务管理

➡ 想一想:办公日常事务有哪些?

_____

_____

(1)印章使用管理

企业印章代表着企业信用,为了规范印章的使用,防止印章丢失,有效维护企业利益,在使用印章时应按制度执行。

印章使用申请表格式见表1-3。

表1-3　印章使用申请表

部　　门		申 请 日 期	
用印类别		份数	
文件名称		文件说明	
申请人		核准人	

印章使用登记表格式见表1-4。

表1-4　印章使用登记表

盖章时间	文件名称	发文号	用印类别	盖章次数	使用人	批准人	备　注

(2)资料档案管理

1)资料管理。企业文件资料由行政部门统一负责收集、保管,其他部门配合行政部做好资料管理工作。企业文件资料的密级可分为绝密级(总经理、副总经理级别的人员可参阅)、机密级(各部门经理及以上级别的人员可参阅)、秘密级(各部门主管及以上级别的人员可参阅)、普通级(普通员工及以上级别的人员可参阅)。经总经理特别授权的人员可参阅任何级别的文件资料。行政部收到外来文件后,需做好登记工作并交行政经理参阅。行政经理拟制待办事项后,须经总经理审批后方可办理。如果行政部门拟制的文件涉及其他部门,应由相关部门经理进行会签,行政部根据相关会签意见进行修改后报行政经理审核,报总经理审批。

2)档案管理。文书结案后移送归档时,行政部应根据档案管理原则进行点收。点收文件后,行政部应按照要求进行整理,档案分类、档案名称及编号、档号编订、保存期限按规定执行。

(3)出差管理

➜ 想一想:你将来工作后,出差时一般会发生哪些费用?

_____
_____
_____

出差管理是为了进一步规范企业员工的出差行为,强化成本管理意识,合理控制差旅费,提高工作效率的管理工作。出差必须按照以下流程办理:

1)出差申请。出差时须填写出差审批表,填写完毕后送领导审批。

2)出差阅批。根据相关规定,副总经理阅批出差申请。副总经理可以不同意员工出差,将出差审批表退回申请人或者同意申请,也可以送总经理审批。

3)出差审批。由总经理对出差申请进行审批。总经理可以不同意员工出差,将出差审批表退回申请人或者同意申请。总经理同意申请后,将申请表送申请人并由申请人进行归档。

4)出差归档。由申请人进行出差归档。

随堂测
- 你认为企业有关于出差费的相关规定吗?　　　　有　　　　没有
- 企业人员出差费是否有差别?　　　　　　　　　有　　　　没有

(4)办公室管理

办公室日常管理是指对办公区域的管理,目的是维护正常的办公秩序,树立良好的企业形象。行政部是员工日常管理的归口管理部门,负责对员工进行礼仪规范,并维护办公环境,对员工进行考勤管理、人员出入管理。

3. 接待管理

➜ 想一想:接待工作有哪些基本要求?

_____
_____
_____

行政接待是日常行政管理工作的重要内容,对宣传企业形象、扩大企业知名度起着非常重要的作用。

（1）公务接待

公务接待是指因出席会议、考察调研、执行公务、学习交流、检查指导、请示报告等公务活动而发生的接待。接待的基本原则包括：①务实节俭、严格标准、简化礼仪；②公务接待的范围、标准等必须符合相关标准；③公务接待费用的控制遵循总额控制、集中管理、按规定列支、分项审核；④公务接待费用的使用情况须定期审核并接受各部门人员的监督。

（2）商务接待

商务接待工作是企业重要的对外窗口之一，商务接待人员必须遵守接待礼仪规范，为企业营造良好的对外形象。商务接待的管理工作，包括接送、食宿、购票、会谈和陪同参观等事项。

（3）考察接待

考察接待以公文或电话的形式预约时间与范围，可分为团体考察、贵宾考察和普通考察三种。

1）考察接待人员的要求。①接待人员须使用文明、规范的语言，以友好的态度接待考察人员；②接待人员须了解本企业的文化，熟悉本企业的发展状况；③接待人员须仪表整洁，身穿职业装。

2）接待原则。热情礼貌、厉行节约、对口接待、定额使用、严格控制、统一管理。

➥ 想一想：除了公务接待、商务接待、考察接待以外，还有哪些接待？

_____
_____
_____

4. 会议管理

➥ 想一想：你们公司过去开会的成本很高，作为行政部的人员，你将如何降低会议成本？

_____
_____
_____

行政部是企业会议的主要管理部门，行政管理人员应带领部门人员做好每一次会议的管理工作，确保所有会议顺利进行。企业通过定期或不定期地召开各类会议，可以有效促进企业信息传递，保证工作顺利开展。会议管理可从以下四个方面进行。

（1）会议筹备管理

1）认识企业常见会议。企业的常见会议有：股东大会、董事会、新闻发布会、座谈会、经验交流会、展览会、年终表彰会。

2）确定会议议题。会议议题是会议需要商议研究的主题内容，它一般由企业管理者确定，行政管理人员协助。

3）制订会议方案。大型的会议方案一般包括会议名称、会议内容、指导思想、任务要求、会议地点、出席人员、会议期限、日程安排、会议领导、注意事项等内容。

（2）会议期间的管理工作

会议期间的管理工作包括会议签到，接待与会人员，管理会议资料，跟踪会议进程，做好会议记录和会议保密措施，保障现场通信畅通，协助做好新闻报道工作，举办会议活动，做好会议后勤工作，处理会议突发事件。

（3）会后管理工作

会后管理工作包括检查会后现场，清理会后现场，评估会议，收退会议文件，对会议文件进行立卷归档，催办落实会后事务，处理会后其他事务，制作会议简报，做好会议费用报销。

（4）会议成本控制

要想做好企业会议成本控制工作，行政管理人员首先应协助企业管理者制定会议审批管理制度，明确企业允许举办的会议，精简会议数量，控制各类会议频率，提升会议质量，推行候会制度，做好会议应急预算。

> **随堂测**
> - 为了开好年终总结会，需要精心策划，是否需要预算呢？　　需要　　不需要
> - 你认为年终总结会以何种形式进行表彰为好？　　物质或精神　二者结合

5. 文书管理

➥ 想一想：文书有哪几种？

_____

_____

_____

为了提高文书处理的效率和文书管理的质量，首先要明确管理原则，文书管理以准确、快速为原则；其次要明确文书的种类，企业文书包括因工作需要发布的往来公文、报告、会议决议、规定、合同书、专利许可证、电子邮件和各种账簿等文书；最后要明确文书保密等级，文书保密等级分为绝密文书、机密文书、秘密文书及普通文书。

6. 法务管理

➥ 想一想：企业行政法务管理主要包括哪些内容？

_____

_____

_____

（1）合同管理

为了确保合同的顺利履行，企业总经理授权法务人员全面负责合同的管理工作，指导、监督企业各部门对合同的起草、审核和履行等工作。企业相关部门负责协助法务人员处理好合同事宜。法务人员接到各部门流转过来的合同审批表及合同草稿，着重对合同条款以及内容的合法性、合规性、严密性、可行性进行审查。

1）合法性审查主要是审查当事人名称、当事人住所、标的、合同签订形式四项内容。

2）合规性审查主要是审查合同内容、流程是否符合企业的各项制度和规定，有无相互

抵触的情况。

3) 严密性审查主要审查合同是否严谨、结构是否合理，防止因合同约定不严谨而产生缺陷或争议。

4) 可行性审查主要审查标的、数量、质量、价格或者报酬、履行期限、违约责任、解决争议的方法。

法务人员审查合同并确定合同没有问题后，将合同转部门经理、总经理对合同进行审核，并签署相关意见。相关合同签署完毕后，须转交档案管理人员进行归档。

➥ 想一想：业务人员代表企业与其他企业签订合同前，是否需要取得公司法定代表人的合法授权？

_____
_____
_____

（2）纠纷处理

为了维护企业和员工的合法权益，企业的法务人员要规范处理经济纠纷和正确处理劳动纠纷。

1) 经济纠纷。经济纠纷是指企业在经营活动中参与合作方或经营业务相关当事人在履行合同的过程中发生的争议。行政部为处理企业经济纠纷的归口管理部门，负责处理企业的经济纠纷、委托律师和办理相关手续，并协助和指导各分公司、子公司处理经济纠纷。

经济纠纷处理按以下规定进行：①纠纷上报；②材料审批；③协商解决；④仲裁、诉讼；⑤纠纷处理总结；⑥纠纷处理相关要求。

2) 劳动纠纷。劳动纠纷包括四类情形：①因企业开除、除名、辞退员工和员工辞职、自动离职而发生的争议；②因执行与工资、保险、福利、培训、劳动保护相关的法律法规而发生的争议；③因履行劳动合同而发生的争议；④其他劳动纠纷。

➥ 想一想：企业与员工发生劳动纠纷，行政部的法务主管应该怎样处理？

_____
_____
_____

（3）知识产权管理

知识产权包括专利权、商标权、著作权及其邻接权，技术秘密和商业秘密，企业商号和各种服务标记，企业依法享有或持有的其他知识产权。知识产权管理是为了规范企业的知识产权管理工作，加强企业对知识产权的申请、利用和保护，促进公司技术创新，增强企业产品与服务的竞争能力，打造企业的核心竞争力。

为了明确知识产权的归属权，需要加强知识产权管理。除依法属于非职务发明创造或作品的情况，企业所有员工的任何技术创新及其他创造性智力劳动成果均属于职务发明和职务作品。

1) 职务发明的界定。员工在完成工作的过程中所产生的发明创造属于职务发明，其知识产权归该单位所有，具体包括以下四种：

① 员工作为发明人或设计人在本职工作中做出的发明创造。

② 员工作为发明人或设计人，利用本单位的物质条件完成的发明创造。

③ 员工完成本单位交付的本职工作之外的任务所做出的发明创造。

④ 离职、退休、调动工作后一年内做出的，与其在原单位承担的本职工作或原单位分配的任务有关的发明创造。

2）职务创作的界定。员工在完成本职工作的过程中产生的作品属于职务作品，其知识产权归该单位所有，具体包括以下情况：

① 员工为完成本单位工作任务所进行的创作。

② 单位为员工完成作品提供了资金、设备、资料等物质及技术条件。

3）署名权和著作权利的界定。利用本单位的物质技术条件创作，并由本单位承担责任的工程设计图、产品设计图、地图、计算机软件、文字作品、图书作品等职务作品，创造者享有署名权，著作权等其他权利归该单位所有；由本单位员工承担的商标设计工作所产生的文字组合、标识图样的著作权归该单位所有，如果该单位采用此标识作为单位商标，其商标权归该单位所有。

7. 行政经费管理

➥ 想一想：企业行政经费包括哪些？为什么要进行行政经费管理？

_____

_____

_____

企业在日常运营的过程中会产生一些行政费用。行政管理人员作为企业行政事务的负责人，必须严格控制各项行政费用，以降低经营成本，增加效益。

（1）行政经费预算控制

为了做好年度预算工作，行政管理人员应制定预算管理制度，对行政费用实施制度化管理。企业各部门行政费用的开支，应按照合法的程序执行。各项费用的开支审批必须根据规定的审批程序进行，不得越级审批。每月月末，行政部、财务部将各部门的预算与实际支出情况进行汇总，将费用使用情况通报各部门及企业主管领导。当行政费用达到预算计划的80%时，费用管理控制部门（行政部、财务部）应发出预警。

企业制订预算计划后，应根据实际执行情况对计划进行修订完善，并说明预算偏差原因。修订预算的部门为企业的财务部和行政部，修订的预算方案应由企业总经理办公会议进行审批。

（2）行政经费审批

为了进一步规范企业行政经费的审批程序，明确各部门负责人的审批权限，合理控制支出，因此，行政经费审批时应注意以下要求：

1）部门经理对本部门行政经费支出的真实性、必要性和合理性负责。

2）审批人应当根据行政经费审批权限的规定，在权限范围内进行审批。

3）对超越审批权限进行审批的，企业将追究责任人的相关法律责任。

（3）行政经费使用

企业行政费用主要包括办公费用、通信费用、车辆费用、能源费用、培训费用、修理费用等。使用经费时应注意以下原则：

1）定额管理，按需支取原则。行政经费在企业运营费用中所占比例较高，在审核时应定额管理，按需支取。

2）专项管理，专款专用原则。各类行政经费账目必须专项管理，专款专用，并建立相应的监督机构与机制。

3）合理节支，发挥最大效能原则。对公务会议费、业务招待费、业务宣传费等专项开支要从严控制，量入为出，杜绝浪费。

（4）行政经费报销

1）报销申请。办理报销的人员须自行填好报销单，经部门主管审核，行政经理、总经理审批后，由专人统一汇总到财务部；财务部按照规定进行审核，确认无误方可报销。

2）报销单据签字栏填写说明，按以下五项进行。

① 财务审批意见：由财务经理审批签字。

② 行政主管审批意见：由行政专员审批签字。

③ 财务复核：由财务部门负责人审核签字。

④ 部门审核：由部门主管审核签字。

⑤ 经办人：由经办人员或发款人签字确认。

8. 企业文化建设

➥ 想一想：你认为企业文化建设工作包括哪些内容？

_____

_____

（1）规划企业文化建设

企业文化建设规划内容主要包括物质层文化、行为层文化、制度层文化以及核心层精神文化，见表1-5。

表1-5 文化建设规划内容

文化建设规划内容	具 体 说 明
物质层文化	1）物质层文化是产品和各种物质设施等构成的器物文化，是一种以物质形态加以表现的表层文化 2）物质层文化的内容包括企业生产的产品和提供的服务、企业的生产环境、企业容貌、企业建筑、企业广告、产品的包装与设计等
行为层文化	1）行为层文化是指员工在生产经营及学习娱乐活动中产生的活动文化 2）行为层文化包括企业行为的规范、企业人际关系的规范、公共关系的规范以及服务行为的规范
制度层文化	1）制度层文化主要包括企业领导体制、企业组织机构和企业管理制度三个方面 2）企业领导体制是企业领导方式、领导结构、领导制度的总称；企业组织机构是企业为有效实现企业目标而筹划建立的企业内部各组成部分及其关系；企业管理制度是在生产管理实践活动中制定的各种规定或条例
核心层精神文化	1）核心层精神文化是企业经营过程中，受一定社会文化背景、意识形态影响而形成的精神成果和文化观念 2）核心层精神文化包括企业精神、企业经营哲学、企业道德、企业价值观念、企业风貌等内容

> **拓展阅读**
>
> **企业文化建设规划写作应遵循的原则**
>
> 　　企业文化建设规划的制订可以提升企业的社会形象，成为宣传企业愿景与目标的有力载体。因此，企业文化规划写作应遵循四个原则：①实事求是。企业文化建设规划应该符合企业的实际情况和可能达到的部门目标，不可提出自身难以达到的目标，否则在内部得不到员工的认可，在外部得不到公众的响应。②语言简洁，通俗易懂。企业文化建设规划是为企业员工制订的，阅读者上至企业高层领导，下至普通员工。因此，行文方面应避免晦涩难懂或含糊不清的文字，避免让人产生理解上的歧义或让人感到乏味。③合理安排规划的结构。不可篇幅过长，应该突出主题和重点。④贴近生活。规划的写作要多从企业的现实中去寻找素材，把发生在员工身边的鲜活事例写进去，使之成为企业先进人物的光荣榜和企业愿景的宣传书。

（2）建设企业文化

　　企业文化建设是企业经营和长远发展的保障，文化建设的方法多种多样，具体说明见表 1-6。

表 1-6　企业文化建设方法

文化建设方法	具 体 说 明
晨会、夕会、总结会	在每天上班前和下班前用若干时间宣讲企业的价值观
思想小结	定期让员工按照企业文化的内容对照自己的行为，自我评判是否达到了企业的要求，思考若没有达到应如何改进
张贴宣传企业文化的标语	给员工树立一种形象化的行为标准和观念标志，通过典型员工可形象具体地表明"为何工作要积极""为何工作要主动""为何要有敬业精神""为何要有成本观念""为何要效率高"，从而提升员工的行为
网站建设	在网站上进行及时的方针、思想、文化宣传
权威宣讲	引入外部的权威进行宣讲是建设企业文化的好方法
外出参观学习	外出参观学习也是建设企业文化的好办法
故事	有关企业的故事在企业内部流传，会起到企业文化建设的作用
企业创业、发展史陈列室	陈列一切与企业及企业发展相关的物品
文体活动	文体活动指唱歌、跳舞、体育比赛、国庆晚会、元旦晚会等，可以把企业文化的价值观贯穿在这些活动中
引进新人、引进文化	引进新员工会带来新的文化，新文化与旧文化融合就形成了另一种新文化
开展互评活动	互评活动是指员工对照企业文化要求当众评价同事的工作状态，也当众评价自己做得如何，通过互评运动，摆明矛盾，消除分歧，改正缺点，发扬优点，明辨是非，以达到工作状态的优化
领导人的榜样作用	在企业文化形成的过程中，领导人的榜样作用对员工有很大的影响
创办企业报刊	企业报刊是企业文化建设的重要组成部分，也是企业文化的重要载体。企业报刊更是向企业内部及外部所有企业相关的公众和顾客宣传企业的窗口

（3）评估文化建设

　　通过文化建设评估，能让企业了解文化建设中各项工作的执行情况和薄弱环节。通过文化建设评估，可以促进企业改善各级部门文化建设不平衡的状态。

文化建设评估实施程序可以按如下步骤进行：

组建评估小组→明确评估内容体系→评估实施（企业文化建设自评、问卷调查评估）→编制评估报告→评估结果应用。

课堂实操

实操 1：以小组为单位，每组 5~7 人，讨论企业行政部有哪些职责。

实操 2：以小组为单位，每组 5~7 人，讨论企业行政管理人员应具备的素质。

课堂评价

以小组为单位，由教师对学生课堂实操完成情况进行评价，并将评分填入表 1-7 中。

表 1-7　课堂评价

评价项目	是否完成（满分 40 分）	完成质量（满分 60 分）	考评成绩（满分 100 分）
实操 1			
实操 2			

项目 2　企业行政事务管理

名人名言

企业行政事务管理中的高层管理者应该做正确的事，中层管理者应该正确地做事，执行层人员应该把事情做正确。

——摘自社交管理平台

能力目标

掌握企业办公室行政事务管理中的基本内容、原理和方法。

掌握企业文书档案管理、印章管理、会议管理的基础流程。

素养目标

具备必要的企业办公室行政事务管理能力。

熟练应用企业办公室行政事务管理知识开展工作。

任务描述

亲爱的同学，你知道企业行政事务管理在企业中处于什么样的位置和角度吗？企业行政事务管理最主要的工作其实就是企业办公室管理。企业办公室管理有哪些主要工作？企业行政事务管理部门的职责和岗位有哪些要求？在管理过程中需要掌握哪些必要的管理技能、专业技能？通过本项目的学习，定会让你对企业行政管理事务有一种新的认识。

企业办公室行政事务管理可以分解为以下四项任务，如图2-1所示。

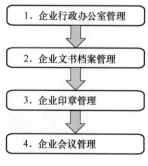

图 2-1　项目任务分解图

任务 2.1　企业行政办公室管理

任务导读

企业行政办公室管理是在企业行政办公室内部进行的行政人员、会议办事、文书材料、咨询法务、档案印章、设备设施、接待信访、综治安全事务,以及其他企业综合事务的组织管理工作。

在企业的组织构架中,行政办公室是企业管理活动的中心,起着重要的综合、参谋、协调、联络和其他一切服务作用,承载着极为重要的企业管理职能。此外,在设置有党委的企业中还对应设置有党委办公室,党委办公室的工作职能则重点偏向于企业内部的党务工作。

1. 企业行政办公室的组织管理

行政办公室是在企业行政负责人的具体领导和指挥下开展工作的。企业的行政办公室既是企业行政领导最直接的办事机构,又是企业行政领导的参谋和助手;既属于企业行政领导的耳目和喉舌,又代表着企业行政领导的意志和声音。从这个意义上说,企业的行政办公室是一个承上启下、协调左右、上情下达、下情上传、联系群众、传递信息、沟通内外、疏浚前后的特殊职能部门,处于企业决策核心的边缘。

同时,行政办公室管理是企业管理活动中与企业的生产管理、行政管理等相辅相成、互相补充、互相联系、紧密协调的一项重要工作,是融基础性、辅助性、事务性于一身的综合办事部门。行政办公室工作的基本出发点是根据企业生产经营活动的需要进行企业的行政事务处理、日常管理工作。其根本目的在于紧紧围绕企业生产经营活动的目标,紧紧围绕企业行政领导的工作意见和生产安排,具体负责企业管理工作的布置、落实、监督和检查。

(1) 企业行政办公室的工作要求

企业行政办公室的工作要求有四个方面:一是准确进行角色定位;二是合理进行职责分工;三是严格遵守工作纪律;四是圆满完成工作任务。行政办公室的工作任务则主要包括三个方面的内容,即办事、办文、办会。

这种职能上的基本特点,决定了行政办公室的工作往往综合性比较强、涉及面比较广、业务要求比较高、工作头绪比较多,临时性突发性事务也比较频繁。因此,每个办公室成员都必须强化行政事务意识,增强服务观念,以兢兢业业、踏踏实实的精神,严肃认真、高度负责的态度,按时、按质、按量地完成企业领导交办的任务,这样才能适应企业管理工作的需要。

➥ 想一想:如果你是企业行政办公室的一名工作人员,你将如何处理文件?

_____
_____
_____

（2）企业行政办公室的管理方法

企业行政办公室是企业中一个以办事、办文、办会为主要服务内容的综合办事机构，是一个时间性、事务性、纪律性要求极高的综合协调部门。其工作项目包括文书处理、信息反馈、情况搜集、调查研究、工作协调、事务承办、印章管理、检查督促等方面，这就决定了行政办公室的管理必然具有自身的内在特点，需要特殊的管理方法。企业行政办公室常用的管理方法有七种，详见表2-1。

表2-1 企业行政办公室常用的管理方法

序号	管理方法	具体内涵及工作要求
1	目标管理法	企业行政办公室人员的目标管理体现在五个方面：①配合企业领导进行决策管理；②沟通企业各部门之间的工作；③促进企业内外情况和信息的交流；④营造企业最佳工作环境；⑤树立企业的良好社会形象
2	绩效管理法	企业行政办公室人员的工作绩效从以下五个方面进行考核：①是否对企业领导的决策提供了辅助和支撑作用；②是否能够真正成为领导的参谋和助手；③是否能够协调好企业内部、外部的各种关系；④是否能够高效率地完成企业领导交办的办事、办文、办会任务；⑤工作是否严谨、合理、规范
3	岗位责任法	实行岗位责任法可以通过定岗位、定人员、定责任、定职权等手段，把企业行政办公室的业务技术工作落实到个人，进行内容详细的职责分工
4	工作激励法	工作激励法的常用方式有金钱激励、目标激励、尊重激励、参与激励及负激励等
5	经验总结法	经验总结法是指从企业以往行政办公室的管理工作实际出发，针对具体情况进行深入细致的研究、分析、归纳、总结，从中找出规律性的东西，进而又运用和指导于今后的工作实践
6	案例研究法	案例研究法是指提取企业以往大量行政办公室管理工作的实例，进行全面合理的比较、分析和研究，进而从中找出规律性的东西，指导今后的工作
7	职能对应法	职能对应法是指根据企业行政办公室的工作职能对全体工作人员对应进行职权、职务、职责上的详细分解，将责任落实到每一个人。目的是横向到事，纵向到人，确保每一项具体事务都有专人承担和负责

（3）企业行政办公室工作的基本特征

企业行政办公室工作有八个方面的基本特征，详见表2-2。

表2-2 企业行政办公室工作的基本特征

序号	基本特征	具体内涵及工作要求
1	适时性	这是在工作时间上的基本要求。根本内涵是及时、迅速地完成企业领导交办的任务，承担相应的工作责任，不讲条件、不挑肥拣瘦、不推诿、不误事
2	严谨性	这是在工作态度和工作质量上的基本要求。严谨的根本内涵是庄重、严格、严密，在工作中一切按照企业的制度、原则和相关规定办理，严肃认真、一丝不苟
3	同步性	这是在工作程序和操作步骤上的基本要求。同步的基本内涵一是要符合规定的工作程序，不超前，不滞后；二是所进行的工作在时间上要与预定的计划同步，二者齐头并进
4	服从性	这是由企业行政办公室工作的参谋和助手职能以及作为企业行政领导的具体办事机构的角色定位所决定的
5	沟通性	这是协调好企业内部与外部、上级与下级、领导与群众等各种关系的基本要求。沟通的要求是向领导和上级多请示、多汇报，对群众和下级多解释、多说明，讲究工作方法，注意信息的交流与反馈
6	合作性	这是由办公室的接触范围与工作性质所决定的。合作的要求是讲究团结、互助、协作，注意工作的配合协调、注意处理好企业内部与外部，特别是企业内部各平行部门、职能部门间的各种关系
7	服务性	这是由办公室工作的服务对象与职能特征所决定的。服务的要求是尽其所能而又热情周到地为企业领导、为群众、为上级、为下级提供认真全面的服务
8	保密性	这是由企业行政办公室工作的机密性、机要性职能所决定的。保密的要求是行政办公室的工作人员在履行岗位职责过程中，严格按照相关的保密要求、纪律要求去做，不泄密，不传话

（4）企业行政办公室工作的分类

企业行政办公室的工作可以从五个方面进行划分，详见表2-3。

表 2-3　企业行政办公室工作的分类

序号	分类	具体内涵及工作要求
1	企业日常行政事务的计划工作	企业的行政办公室的工作计划，可以概括为七项，分别回答七个问题：①做什么；②为什么做；③何时做；④怎么做；⑤何地做；⑥谁去做；⑦怎样清晰地做
2	企业日常行政事务的组织工作	组织的目的是为了把企业的总体任务进行细化、分解、分配，具体到企业行政构架下的每一个部门、每一个人员去承担，从而建立一种有效的分工合作关系，促进并保证企业发展目标的顺利完成
3	企业日常行政事务的沟通工作	企业日常行政事务的沟通主要有上行沟通、平行沟通和下行沟通三种。企业的日常行政事务沟通必须把握好以下四个环节的工作：①保持企业沟通计划与企业发展目标的一致性；②保持沟通信息内容的明确、连续、一贯；③注意保持信息传送渠道的疏通、流畅；④保持沟通的方向、角度和方式方法
4	企业日常行政事务的指挥工作	企业的日常行政事务的指挥工作必须以企业领导为核心，企业的行政办公室仅仅只是企业领导的具体办事部门、执行部门，在处理日常行政事务问题时只能办事，不能谋事
5	企业日常行政事务的控制工作	控制的目的是为了使企业的行政办公室工作的日常行政事务工作能够按照计划进行，主动限制工作失误，实现企业管理成本的最小化

2．行政办公室的人员管理

基本素质技能要求是行政办公室人员搞好工作的起点条件，行政办公室人员的基本素质技能要求有五个方面，详见表2-4。

表 2-4　行政办公室人员的基本素质技能要求

序号	基本素质技能要求	具体内涵及工作要求
1	思想政治素养	思想政治素养居于其他一切基本素质技能要求之前，处于核心、统帅的地位。行政办公室人员的思想政治素养又有三个方面的要求： 1）行政办公室人员必须坚持坚定正确的政治方向 2）行政办公室人员必须具备一定的思想理论水平 3）行政办公室人员必须用马克思列宁主义的立场、观点和方法，去分析、解决企业中出现的新情况、新问题，一切从实际出发，实事求是
2	文化基础知识	文化基础知识是对企业行政办公室人员的起码知识要求，内容包括：自然科学知识、社会科学知识、思维科学知识、行为科学知识、行政管理知识等
3	专业基础知识	专业知识是完成本职工作的有力基础，专业基础知识分为两类： 一类是文书工作的专业基础知识，如文书知识、公文知识、信访知识、信息知识、应用写作知识等 另一类是与文书工作密切相关的学科知识，如管理学、秘书学、文书学、档案学、心理学、公共关系学、行政管理学、调查研究学等
4	业务工作素养	企业行政办公室人员的业务工作素养包括两类： 一是行政基础理论。行政基础理论是有关行政办公室工作带总体性、概括性、原理性方面的知识，它是行政办公室工作的基本理论指导 二是实际操作知识。行政办公室工作通常都是操作性、事务性、时间性、程序性要求很强的工作。搞好这种工作必须扎扎实实地苦练行政业务处理的基本功，努力在实践中运用这些基本功，在运用中学习，在运用中实践，学用结合，学以致用
5	基本能力要求	企业行政办公室人员的基本能力要求有：文字综合能力、语言表达能力、观察分析能力、公关社交能力、逻辑思维能力、自我控制能力、记忆能力、速记能力、计算机操作使用能力、应用现代办公设备的能力，以及办事、办文、办会的能力

> **随堂测**
> - 行政办公室的工作就是办事、办会。　　　　　　　　　　　正确　　错误
> - 行政办公人员只有具备专业技能,才能搞好行政管理工作。　正确　　错误

拓展阅读

企业行政办公室管理人员的岗位要求

企业行政办公室管理人员的岗位要求集中体现在以下四个方面:一是在企业领导的指挥指导下具体组织和开展相应的企业内部管理活动;二是在企业领导的指挥指导下开展企业内部的办事、办文、办会等方面工作;三是服务并服从于企业领导交办的企业日常管理工作和其他临时性工作;四是重点办理和完成企业具体的综合行政事务。

3. 企业行政办公室的人员考核

结合企业生产经营活动的实际进行管理、协调、服务是现代企业行政办公室工作的核心职能之一。因此,对企业行政办公室人员考核有利于了解企业行政办公室人员的工作情况,促使其尽职尽责、尽心竭力地履行相应岗位职责,完成相应工作任务;有利于掌握企业行政办公室人员的工作实绩,促使其工作态度和工作作风的根本转变;有利于增强企业行政办公室人员的工作积极性,提高工作效率;有利于根据企业管理工作的目标进行相应表扬、奖惩。企业行政办公室人员考核的内涵、原则、内容及方法见表2-5。

表2-5　企业行政办公室人员考核的内涵、原则、内容及方法

序号	项目	具体内容
1	人员考核的内涵	人员考核即指利用特定的管理手段,对企业行政办公室人员工作的情况、业绩、态度、作风、效率等进行全面系统的考查和测评
2	人员考核的原则	人员考核必须本着客观、合理、公平、公正的原则,积极稳妥、周密有序地进行。其原则是: 1)制定统一协调的人员考核标准 2)采取科学合理的人员考核方法 3)形成明确简明的考核评价结论 4)注意考核结果的适时反馈 5)特别值得一提的是,在对企业行政办公室人员考核结果的适时反馈问题上,要坚持实事求是的基本原则,既要报喜又要报忧,既要肯定成绩又要指出不足
3	人员考核的内容	企业行政办公人员考核的内容包括德、能、勤、绩四个方面: 1)德指办公室人员的思想素质、职业道德、服务态度等 2)能指在本职岗位上具备的知识技能和处理事务、完成工作的能力 3)勤指在本职岗位上的出勤率,以及责任感、积极性、纪律性等 4)绩指工作的数量、质量及岗位责任所规定的工作完成情况等
4	人员考核的方法	1)从企业行政办公室人员的综合绩效方面进行考核。这种方法是当前比较流行、通常的做法 2)从企业行政办公室人员的业务素质方面进行考核,考核的内容包括办事、办文、办会能力的考核 3)从企业行政办公室人员的专业素质方面进行考核,考核的内容包括文书写作、政策把握、交际沟通、内外协调等能力的考核

➦ **想一想：对企业行政办公室人员进行考核有何意义？**

_____

_____

_____

4．办公自动化管理

（1）办公自动化的概念

办公自动化指的是企业行政事务处理过程中通过利用现代办公设备和通信设备等进行迅捷、快速、方便、高效的现代办公。企业办公自动化的常用设备有计算机、传真机、复印机、打印机、微缩复制设备、文字处理机、网络设备，以及影像制作、计算机喷绘、同声传译、多媒体终端设备等。

办公自动化的最显著特点是实现人员与机器的有机合一，以机器设备替代企业行政办公室的人力人手，大大强化机器设备的因素，弱化人力人手的因素，提高工作效率，将办公人员从繁重、繁忙、烦琐的具体事务中解放出来。

（2）办公自动化的内容

企业行政办公室办公自动化的内容详见表2-6。

表2-6　企业行政办公室办公自动化的内容

序号	工作项目	具体内容
1	利用计算机和文字处理机	进行文字的起草、修改、编制、测绘，大大提高了企业文字的起草、修改、编制、测绘速度，简化了工作程序，加快了文字处理速度，增强了行政办公室工作人员的文件处理能力，提高了办文、办事效率
2	采用自动化的印刷出版系统	采用自动化的印刷出版系统，可以全面缩短文件资料的编辑、排版、印刷、出版的时间，加速文件资料的形成和处理，减轻文书人员负担
3	采用计算机进行文件资料的管理储存	采用计算机进行文件资料的管理储存，可以方便、迅捷地形成大容量的计算机文件库，既便于企业文件资料的储存、检索、查阅、整理、调取、复制、翻印，节约文件存储空间，又节省了大量的人力、物力和财力，更方便企业文件资料的管理使用和效率发挥
4	采用现代网络通信技术进行文件资料的传送	现代通信技术的发展日新月异，诸如数字通信与SDH、程控交换、光纤通信、移动通信、数字微波、卫星通信、图像通信、电话网、智能网、OA网、数据通信与数据网、ISDN、ATM、IP技术、接入网等技术，以及4G、5G技术等的发展，极大地方便和改善了我们的生活。特别是还可以利用现今年轻人群喜闻乐见的QQ、微信等方式，通过智能手机、计算机、移动硬盘等形式进行文件资料的传送
5	进行会议组织	利用现代通信设备进行会议组织，既节省了时间、节约了经费，又提高了办会效率，还能使与会者在自己的办公室参加会议就能达到预期的会议效果
6	联系协调工作	利用卫星电话、电视电话、传真机、网络等可以快速直接地联系工作、洽谈企业各种生产经营业务

（3）办公自动化的特点

办公自动化主要是以现代计算机强大的文件材料处理能力为依托进行的，企业办公自动化同样如此。企业的办公自动化主要是通过计算机进行文字和文书的处理，其作用的特点有以下三个方面：一是有利于提高文书的编辑速度；二是有利于提高文书的印刷质量；三是有利于文书的储存、传输和使用。

容量大、存储信息多、传输速度快、使用方便迅速，是利用计算机等进行企业文字和文书处理的固有特点。充分利用智能手机、计算机等设备，能够克服传统利用纸、笔、信函方式存在的缺点与不足，大大提高企业文书储存、传输、使用的时效，提高企业的行政工作效率。

➲ 想一想：办公自动化还有哪些其他特点？

课堂实操

实操 1：请以小组为单位，每组 5~7 人，具体讨论企业行政办公室管理中的以下问题。

1）有一种观点认为，企业办公室中苦干的不如巧干的，巧干的不如观看的，观看的不如捣蛋的；同时企业办公室中升职的不一定是能力强的，原地踏步的不一定是能力弱的。对于此类问题你是怎么看的？

2）社交媒体上有所谓的"职场三分之一定律"之说，内容是：1. 办公：1/3 关门、1/3 串门、1/3 出门；2. 公车：1/3 公用、1/3 私用、1/3 司机用；3. 问题：1/3 研究研究、1/3 商量商量、1/3 考虑考虑；4. 关系：1/3 哥们儿、1/3 对手、1/3 同事；5. 下班：1/3 回家、1/3 应酬、1/3 约会。结论：工作简单明了，享受人生守住的 1/3 便好。对于此类现象你怎么看？

实操 2：请以小组为单位，每组 5~7 人，具体讨论企业行政办公室工作中怎样才能正确领会领导意图。

课堂评价

以小组为单位，由教师对学生课堂实操完成情况进行评价，并将评分填入表 2-7 中。

表 2-7 课堂评价

评价项目	是否完成（满分 40 分）	完成质量（满分 60 分）	考评成绩（满分 100 分）
实操 1			
实操 2			

任务2.2　企业文书档案管理

任务导读

企业文书档案管理必须结合企业管理工作的目标进行，其目的是为了实现文书、档案在企业管理中的合理、有效的利用。企业的文书档案管理工作质量，决定了企业文书工作的运转情况、立卷和归档情况、企业工作效率及员工的工作态度等情况。只有高度重视文书档案管理工作，才能更好地发挥企业文书、档案的应有作用，提高工作效率，为企业的发展注入生机与活力。

➡ 想一想：企业为什么要进行文书档案管理？应该从哪些方面去管理？

_____

_____

1. 文书管理概要

（1）文书管理的内涵

文书管理是指企业业务部门处理日常工作活动中所形成的文件，以及与处理企业文件有关的日常事务活动，也就是企业的文书从形成、运转、保管、处理，到清退、立卷、归档、销毁及管理使用文书信息的全过程。

文书管理的目的是有效地传递企业公务活动信息，沟通企业各部门之间的相互联系，传递印证有关事实，防止文书的丢失和泄密，提高文件的阅读和使用率，为归档打好基础。

（2）文书管理的性质

企业的文书管理是为企业的生产和管理工作服务的，必须服从和服务于企业的发展目标。文书管理的作用一是防止文件材料的丢失和文件内容的泄露，二是提高文件的利用率，三是为文件最后的归档奠定基础。因此，企业的文书管理具有以下四个方面的性质：

1）效用性。效用性是企业文书管理在属性上的基本特点。所谓效用性是指企业的文书管理工作事务性、操作性强，内容实在、具体，对企业的生产及发展有指导意义。效用性既体现在企业文书工作的总体目标上，又体现在企业文书工作的各个具体环节中，是企业行政事务及其他事务管理中看得见、摸得着、用得上的纯业务技术方面的具体要求。

2）时限性。时限性是指企业的文书管理工作在时间上的规定。具体来说就是时间要求非常严格，有自身一整套的内在管理特点及要求。时限性的表现有三点：一是文书处理要迅速，这是时间上的要求；二是文书处理要适时，这也是时间上的要求；三是文书处理各个环节的时间衔接要连贯一致、顺畅合理。

3）机要性。对企业的文书管理工作而言，机要性有两方面的内涵：一是指文书工作的机密性，二是指文书工作的重要性。文书工作的机密性取决于文书或文件的内容，文书工作的重要性则是指文书或文书管理工作岗位至关重要。二者缺一不可，共同构成了企业文书管理工作的机要性要求。

4）规范性。规范性是指企业文书管理工作在长期的实践过程中形成了比较一致和稳定的做法。企业文书管理工作的这种规范既是一种约定俗成的具体做法，又是一种操作习惯、一种操作规范。从一定程度上说，企业文书管理工作的这种规范性又比较集中地体现在文书的形成、处理和管理三个大的基本环节之中。

（3）文书管理的内容

根据企业行政办公室管理工作的需要和管理目标的要求，我们可以将企业文书管理的内容大致确定为以下11个方面：

①文件的收发登记；②文件的承办传阅；③文件的分发运转；④文件的催办检查；⑤文件的缮印校对；⑥文件的监印封发；⑦文件的立卷归档；⑧文件的清退销毁；⑨来信来访的处理；⑩会议信电的记录；⑪领导文档的起草。

（4）文书的收发管理

文书的收发管理是一个非常复杂的流程，包含非常繁多的具体环节和内容。具体来说，文书的收发管理可以划分为收文管理和发文管理两大方面，详见表2-8。

表2-8 文书的收发管理

序号	工作项目	具体内涵及工作要求
1	收文管理	企业文书的收文管理，包含五个具体环节的工作： 1）签收。签收是指收件部门或收件人对送达本企业的文件、函件等进行认真清点，并在投递单或记录单上签字的过程。签收的目的一是确保文件运转的安全可靠，二是明确交接双方的责任 2）拆封。拆封就是启封，即收件部门或收件人对送达本企业的文件、函件进行拆封。拆封的目的是清点核对文件，以便检查处置 3）登记。登记是指来文拆封后进行详细的记录，包括文件来源、文件去向、收文时间、文件编号、文件内容及处理意见等。登记的目的一是为了管理保护文件，便于今后查找；二是为了统计催办，起到凭证作用 4）分发。分发是企业文书管理人员依照一定原则把经过登记的收文转送企业领导阅读批示，或者直接转送企业的相关部门处理。分发过程中要注意"三主优先"的原则，即主要领导人优先、主管领导人优先、业务主管部门优先 5）传阅。传阅是指收到单份或者份数较少的文件时组织企业领导们依序阅读文件的过程。传阅一般可以采取轮辐式、接力式和专人传送式三种方法
2	发文管理	企业的发文管理，包含六个具体环节的工作： 1）拟稿。拟稿就是起草文稿，即企业文书人员根据领导意见或者特定的发文意图写出文字初稿。在拟稿中，没有经过审核的文稿叫草稿，经过审核决定发文的文稿叫定稿 2）拟定主题词。主题词是为实现各类文书材料的计算机存储、检索、管理而设立的，是能够标示一份公文内容特征、归属类别的关键性词语。主题词由类别词、类属词、文种词三部分组成。各部分要求按照顺序，依次标注。一份公文的主题词一般不超过七个 国务院办公厅秘书局1997年12月修订下发了《国务院公文主题词表》，要求各省市上报文件时使用。企业单位的文书材料是否使用主题词可自己确定。凡使用主题词的企业单位必须先行编制企业单位自己的主题词表 3）会签。会签是指两个或两个以上的机关、部门联合行文，在文稿拟写完成后，由主办部门会同其他相关部门共同对文稿进行会商、征求意见并签字发文的过程。会签过程中各参与部门应本着相互尊重、平等协商、协同一致的原则 4）核稿。核稿就是企业主办部门的负责人对写好的草稿，从内容、文字、格式、文种使用及选择等方面进行认真审核，并就全文进行全面的加工、修改、润色，签字认可后再送交企业领导人审阅签发。核稿的目的是专人审核、最后把关，提高文书质量，保证发文的严肃严谨 5）呈批。呈批就是把经过核稿人员审核的文稿，报送企业主要领导或者主管领导做最后的审阅，然后签字同意发稿 6）签发。签发就是企业领导人根据审核过的草稿，再进行最后的审阅修改，然后核准签发，使草稿变成定稿。文书材料定稿后，即可进入缮印、用印、封发环节，然后发送给有关单位、部门或人员。企业领导签发文稿要注意对拟签文件做全面审定，且签发的意见要清楚、明了、简练，切忌模棱两可

- 你认为文书管理是否具有时限性？　　　　　　　　　　　　　　　有　　　　无

2. 档案管理概要

（1）档案管理的概念

档案管理是对档案进行收集、整理、鉴定、保管、统计、利用的过程，是对企业内部各种有保存价值、归档集中保存的文件资料所进行的管理。

企业档案指企业在自身日常经济和经营活动过程中直接形成的，具有特定保存价值的各种文字、图表、声像等不同形式的历史记录资料。企业档案的这个概念在理解中要注意三个内涵：①企业档案是在企业自身日常经济活动过程中直接形成的；②企业档案有文字、图表、声像等各种不同形式；③企业档案是一种历史记录资料。

（2）档案管理的内容

档案管理是文书资料管理的一个重要组成部分。企业中重要的文件资料都具有一定的时效性，需要妥善保存和管理，这些文件资料的管理就是企业的档案管理。企业应当对档案的收集、整理、鉴定、保管和利用等一系列程序进行科学管理，以便需要时能迅速查阅任意一份归档文件，这是提高行政办公效率的重要前提。档案管理的内容详见表2-9。

表 2-9　档案管理的内容

序号	工作项目	具体内涵及工作要求
1	档案的收集	企业中哪些资料有存档的价值和保存的必要应根据企业和文书两方面的情况来决定。一般的存档资料范围大致有商业来往文书、财务存档资料、销售单据、重要文件、重要图表、计算机资料、记录要件、会议资料、参考资料及报纸期刊等 档案收集过程中要做到按自然规律办事，保持档案的历史联系，并对档案进行分类，以便保存和查找。在收集档案时应逐一确定归档范围、归档时间、归档要求及交接手续。因为声像档案本身的特性，声像档案的收集，更应注重时效
2	档案的整理	档案整理工作要注意以下四点： 1）设立档案卷宗。即根据企业档案整理的实际，按照内容、时限、来源对所有的档案进行分类，从大类上分别设立卷宗。设立企业档案卷宗一般来说要填写案卷封面。案卷封面的内容通常包括七项，即企业单位名称、企业机构类别名称、案卷标题、案卷内文件起始日期、卷内文件件数及页数、保管期限、文书处理号 2）进行档案分类。档案分类指根据档案的性质、内容、类型、类别、层次进行梳理划分。企业档案的分类一般可以按照大类设置、类属设置、小类设置三个环节进行。企业档案的分类不宜太多，太多了就会变得过于复杂 3）根据档案编排。编排的内容则包括档案的立卷、整理、装订等。编排时通常要做的工作就是要对企业档案进行编号。企业档案的编号要注意字迹清晰、位置规范、认真细致和准确无误；编号有误时要注意漏号、重号的处理，并在档案备注表中加以注明 4）进行档案编目。档案编目即编写档案卷内目录。进行档案编目，目的是固定档案的分类体系和排列顺序，方便档案管理档案编目的内容通常也包括七项，即顺序号、发文单位、发文字号、发文日期、文件标题、起始页码、备注
3	档案的鉴定、保管及利用	档案的鉴定就是对企业单位中的档案资料进行审查、鉴定、甄别，进而提出处理意见。档案鉴定的目的是从企业单位档案的价值性出发，正确区分有用的档案和无用的档案、有效的档案和无效的档案、有价值的档案和无价值的档案 档案的保管就是按照国家有关档案管理的规定，对企业单位中的档案进行保管和存储。档案保管的目的是运用现代科学技术手段对档案采取保护措施，以促进档案有效利用，延长档案的使用寿命 档案的利用就是指档案的具体使用。档案利用的目的是促进企业进行调查研究，了解企业以往生产、经营、工作方面的情况，为企业单位进行生产预测、产品开发、策略调整提供有力依据

> **管理个案**
>
> 　　南方某私营公司是由"90后"年轻大学生小沈和要好的同学于2017年共同创立的。公司成立之初只有十余名年轻员工,主要生产便携式多接口快速手机充电器。由于产品面对市场、适销对路,所以公司业绩和发展都不错。小沈他们也信心满满,打算尽快扩大生产规模,占领更多的产品市场。
>
> 　　但在当地工商管理部门和其他管理部门开展的例行检查中,该公司被检查出问题。小沈认为,对于生产企业来说,这些问题说大就大、说小就小,比如文件缺失、安全消防措施不到位、规章制度不全面等,似乎无足轻重。
>
> 　　请你回答:
> 　　如果让你从企业行政事务管理的角度来思考,你认为小沈他们的想法对不对?需不需要改进?

拓展阅读

企业文书档案的保管措施

　　为了延长企业文书档案的寿命以及维护档案的安全,应建立良好的企业文档库藏秩序。

　　1)营造保护文档的条件和环境,保证室内合适的温度和湿度,根据档案的成分和制作材料,做好档案柜的防火、防潮、防蛀工作。

　　2)提高安全防范意识,如档案柜要上锁、档案不准擅自带离规定的使用场所等。

　　3)确定档案使用权限,如规定可以接触相关档案的人员、不同的使用者未经允许不准私自交换使用档案等。

　　4)建立档案借阅制度,即借阅档案资料要做好登记制度。

任务2.3　企业印章管理

任务导读

　　印章作为各级机关单位权力的象征和职能的标志,具有特殊的法定性、权威性和效用性特征。印章作为机关单位权力的象征和职能的标志,其在管理和使用上有统一的程序、规定和要求。企业文书人员必须严格按照这些程序、规定和要求,一丝不苟,认真执行。

　　➲ 想一想:企业印章管理工作有哪些主要内容?

1. 印章管理概述

印章俗称公章，它是一个机关或企业单位权力的标志和象征，是按照法定的规格、尺寸、尺度和式样刻制的，用以标明机关或企业法定名称、同时也是全称的凭据性公务用品。就当今而言，印章是我国国家机关、群众团体、企事业单位使用的，能够标明自身标准名称、代表自身资历资质的各种图章的总称。

印章作为各级机关、单位权力的象征和职能的标志，具有特殊的法定性、权威性和效用性特征。

（1）印章的作用

印章是各级机关、单位权力的象征和职能的标志。印章的这种性质决定了它具有极其重要的作用：

1）机关对外制发的公文，加盖公章才有效力，不加盖公章便无效力，其他机关可不予承认。

2）介绍信加盖了机关公章，持信件既可以证明自己的身份，又可以在一定范围内行使职权，执行公务；对方则以它为依据协助工作，提供帮助。如果持有无印章的介绍信，对方就可以拒绝。

3）在财务、贸易往来的凭证上加盖机关单位印章，可起到凭证和制约作用，并有了法定的效能。

（2）印章的规格和制发

新中国成立以来，党中央和国务院对有关印章事宜曾多次做出规定。1999年国务院颁发了《国务院关于国家行政机关和企业事业单位社会团体印章管理的规定》【国发（1999）25号】；1983年中共中央办公厅印发了《关于各级党组织印章的规定》【中办发（1983）37号】。这两个文件分别对各级党组织和各级国家行政机关、企事业单位公章的形状、规格、文字、刻制和制发等，做了统一而又明确的规定。印章的规格和制发规定详见表2-10。

表2-10 印章的规格和制发规定

序号	项目	具体要求
1	印章的形状和规格	根据规定，我国国家机关、各级党委和政府、各级机关和企事业单位的印章形状、规格要求如下： 1）形状要求。①国家机关、各级党委和政府、各级机关和企事业单位的印章形状一律规定为圆形；②各级机关印章的大小均有所不同；③其他专用章的形状有圆形的，也有方形或三角形的 2）规格要求。①我国国家党政机关印章规格的统一标准为：党政机关、国家机关印章的中心图案明确规定为镰刀锤子；权力机关、审判机关、检察机关的为国徽；国务院和县以上政府为国徽；省以下行政部门为五角星。②各级党政机关、企事业单位的印章必须按照上述规定执行。任何单位不得自行确定印章规格、样式，更不得未经允许粗糙制造
2	印章的名称文字	根据上述规定，我国国家机关、各级党委和政府、各级机关和企事业单位印章的文字必须遵循的要求是： 1）印章的文字必须自左至右，环形书写；印章的文字一律使用规范的宋体字 2）印章的文字只能使用国务院公布施行的简化字 3）在实行民族区域自治地方的党政机关的印章，可将汉字和当地通用的少数民族文字并列 4）各级党政机关的印章名称应写全称，如机关全称文字过多、印章容纳不下的，必须使用约定俗成的，通用、规范和符合规定的简称

(续)

序号	项 目	具 体 要 求
3	印章的刻制和制发	我国国家机关、各级党委和政府、各级机关和企事业单位的印章的刻制和制发要求如下： 1）下级机关单位的印章由上一级机关制发；本级机关不能制发自己的印章；各级党委、人大常委会、政府的印章均由各自直属的上一级党委、人大常委会、政府制发 2）刻制印章由制发机关的办公部门开具证明信或介绍信，并详细写明印章的名称、样式和规格标准，到制发机关所在地的公安部门办理登记手续，然后携带公安部门的批准证明，到指定刻字单位刻制，不能自行刻制和到另外单位去刻制 3）各级党政机关如制作印刷文件用的套印印章，应报上一级党政机关备案后自行制作。套印印章的规格样式与正式印章相同；制作证件用的钢印及其他专用章，在规格和样式上应与正式印章有所区别（如没有中心图案），可自行刻制 4）财务用章、收文印章、外调用章、调干用章等专用章和领导人名章可按刻制印章的手续办理，自行刻制 5）不论是正式印章还是套用印章、钢印、各种专用章的盖印，都要求做到端正、清晰、庄重、和谐、美观大方

> **随堂测**
>
> ● 印章作为各级机关、单位权力的象征和职能的标志，具有特殊的法定性、权威性和效用性特征。   正确   错误
> ● 介绍信如果无印章，对方就可以拒绝。   正确   错误

> **拓展阅读**

企业（公司）五枚印章的使用及保管

每家企业（公司）因为经营活动的需要一般都备存有五枚印章，分别为公章、财务章、发票专用章、合同专用章、法定代表人名章。虽然每枚印章的作用各不相同，但是都代表着公司的意志，具有特定的法律效力。因此，了解各印章的作用，制定严谨的企业（公司）印章管理制度显得尤为重要！需要注意的是，除法人章外，其他四枚印章需要根据相关规定到工商、公安、开户银行备案或预留印鉴。

1. 公章

公章是效力最大的一枚印章，是公司法人权力的象征。除法律有特殊规定外（如发票的盖章），均可以公章代表法人意志，对外签订合同及其他法律文件。公章的使用范围：凡是以公司名义发出的信函、公文、合同、介绍信、证明或其他公司材料均可使用公章。公章的保管者一般是公司创立者或其最信任的人，例如董事长或总经理。

2. 财务章

企业在与银行打交道的时候会用到财务章，比如银行的各种凭据、汇款单、支票的用印。另外，财务章也会用于财务往来的结算等。财务章一般由企业的财务人员管理，可以是财务主管或出纳员等。

3. 发票专用章

企业、单位和个体工商户在购买和开发票时，需要加盖发票章。印章印模里含有其公司单位名称、发票专用章字样、税务登记号。根据《发票管理办法实施细则》的规定，通常需要在发票联和抵扣联加盖发票专用章，且盖在发票上或者发票领用簿上才有效。发票专用章一般由财务部门的发票管理员保管。

4. 合同专用章

单位对外签订合同时可以在签约的范围内代表单位在合同上加盖合同专用章，单位需承受由此导致的权利和义务。一般来说，创业初期可以直接用公章盖合同，减少公章可以减少风险（比如遗失、公章私用等）。合同章可以由公司法务人员、合作律师或行政部门等保管。

5. 法定代表人名章

法定代表人名章主要用于给企业有关决议盖章，以及办理银行有关事务。印章印模里含有其企业单位名称、发票专用章字样、税务登记号。通常用于注册公司、企业基本户开户、支票背书。法定代表人名章的保管者一般是法人本人。

2. 印章的种类

我国现在使用的印章包括机关单位公章（钢印），财务、税务、合同等专用章和机关负责人名章等 3 个大的部类、8 个具体的分类印章。这些印章的文字、规格、样式、作用、使用和制发都有专门的规定。此外，随着时代和通信方式的飞速发展，现在还有些企业、单位开始尝试并使用电子印章，但也出现了一些问题。印章的种类见表 2-11。

表 2-11 印章的种类

序号	印章种类	说明
1	公章	公章是国家机关、群众团体、企事业单位权力的象征和职能的标志，公章是指国家机关、群众团体、企事业单位使用的，能够标明单位标准名称、代表自身资历资质、证实自身固有法律法人作用的专用单位名章
2	专用章	专用章是指国家机关、群众团体、企事业单位在办理具体业务过程中专门刻制使用的，具有特定用途和法律作用的专用图章，如业务专用章、财务专用章、合同专用章、信访专用章、会议专用章和食堂专用章等 从使用上来说，专用章只适用于印章上标明的使用范围。超出范围，专用章便失去了应有的法律效率
3	钢印	钢印是利用金属材料刻制的，可以直接在文凭、证件等上压印出凸凹相对字迹的印章。从作用上来说，钢印同样属于国家机关、群众团体、企事业单位使用的，能够标明单位标准名称、代表自身资历资质、证实自身固有法律法人作用的专用单位名章 钢印的使用要注意以下几点： 1）钢印一般仅局限于文凭、证件等证明性材料使用 2）钢印均是由上、下两部分凸凹相对的印模压印而成，因此使用时要注意用印力度，保证印字清晰 3）钢印如加盖于证件骑缝处，其目的是为了表示证件和照片的合一性、原生性及不可变更性，防止涂改、伪造
4	缩印	缩印实质上仍然属于专用章。它是指严格按照公章的文字、规格、样式、尺寸等比例缩小后，专门用来从事票据类印刷事务的印章。缩印的基本特征是可以保持与原印章的等模等样，可以大规模用于票据印刷事务
5	套印	套印是指按照公章的文字、规格、样式、尺寸比例正常制作的，可以放大或缩小并专门用于印制文件时使用的印章。套印的基本特征仍然是可以保持与原印章的等模等样，可以大规模用于文件印刷事务
6	领导人名章	领导人名章是指国家机关、群众团体、企事业单位中以领导人名字刻制的，代表领导人的法人地位，并起着相应法律作用的领导人名专用章。领导人名章包括负责人手书体的印章，它在各类凭据类文书材料中广泛使用 领导人名章是领导人行政职权的标志，起着特定的权威作用。有些凭证不但要加盖公章，还要加盖领导人的名章才能生效。如合同、协议、毕业证书、银行支票、毕业文凭、职业证书等
7	纪念章	纪念章是为了特定的纪念目的而刻制并使用的专用章。纪念章仅仅供特定的纪念目的所用，并无法律效力
8	电子印章及其他印章	随着时代和通信方式的飞速发展，现在还有些企业、单位开始尝试、推广并使用电子印章及其他形式的印章

3. 印章的管理及使用

印章作为机关、单位权力的象征和职能的标志，其在管理和使用上有统一的程序、规定和要求。企业文书人员必须严格按照这些程序、规定和要求，一丝不苟，认真执行。印章的管理及使用详见表 2-12。

表 2-12　印章的管理及使用

序号	项目分类	具体内涵及工作要求
1	印章的管理	1) 印章的刻制。印章的刻制必须依据法定程序，经使用印章机关或单位的上一级机关或单位批准、确认，并经专门的刻印公司刻制而成 2) 印章的启用。印章启用必须由颁发机关、代管机关以文件形式正式发布印章启用通知。印章启用通知中要注明印章的启用日期、样章、印模、样式等。如经制发机关同意，也可以自发启用通知，但必须在通知中注明经制发机关批准的字样。启用印章的通知应该有启用印章的印模，发给有关机关单位。在取送印章时，应按递送秘密文件对待，必要时应派专人取送。印章的印模和启用日期应准确记载，归档保存，以备查考 3) 印章的保管。印章应由机关单位的负责人或指定专人保管。保管人要认真负责，妥善安全保管，非经领导批准，不得擅自委托他人代管。印章要放在具有防范措施的安全地方，不得随便置放。印章要随用随取，不能事先拿出。用印后要及时收检锁好。如果他人盖章，管印人应在场监印，不得擅自离开。印章如需要携带外出，应采取防范措施，确保安全。印章丢失要立即报告公安机关备案，并以登报或信函等形式通知有关单位，声明遗失期间任何盖有丢失印章的任何文书无效，或声明印章作废 4) 印章的收缴。印章因损坏换新印章，或机构变动等而停止使用后，制发机关应及时收回。收回的旧印章要区别不同情况做封存或销毁处理。任何机关单位和个人不得擅自留用旧印章 5) 印章的销毁。销毁旧印章，须经机关领导人批准，二人监销，并做好记载
2	印章的使用	印章的使用有严格的作业程序和管理要求，必须严格按照国家规定的机关、单位的用印制度和用印手续，并结合企业自身的要求来办理。具体内容有如下八点： 1) 重要文书的用印必须经本企业单位领导批准。批准的形式有书面通知、口头通知、电话通知等。一般提倡以书面通知为主；非书面通知原则上要进行用印记录，以便核查备案和落实责任。印章在使用上有相应的程序，对任何未经企业领导批准的用印要求，印章管理者都应坚决拒绝 2) 企业文件用印时，文件的单位落款名称必须同印章的名称相互一致，两者若不相一致则不得用印。此外，文件的单位落款名称也就是印章上的规范名称，不得使用游离于单位印章名称之外的不规范简称 3) 企业文件中若属代章性质的，在用印时必须注明"代章"二字。 4) 若属开具企业介绍信、证明信、推荐信等资信文书，必须填写清楚姓名、人数、日期、有效期、资信内容及性质等，并经企业领导人同意后方可用印。切记不能在空白的文书材料上盖章，否则会埋下引发不必要纠纷、事端的种子，严重者甚至会导致大的利益冲突，引发法律责任 5) 用印必须坚持办理手续，每次用印都要认真做好详细记载，以便查考 6) 印章必须由企业单位文秘部门中的专门人员保管 7) 启用通知印模应用蓝色印油，以示第一次使用 8) 使用印章时还必须讲究用印的方法、位置和盖印质量。具体来说要注意三点： ① 用印位置要适宜。一般的要求是上不压正文，下要骑年压 ② 公文用印的印色要浓淡适度、印迹清晰，端正美观，不能模糊不清，颜色只能用朱红色 ③ 部分专用章如财务专用章、业务专用章可以使用非红色

▶ **想一想**：企业印章的保管有哪些要求？

拓展阅读

××公司印章使用管理制度

一、总的目的

为了保证××公司印章使用和保管的合法性、严肃性、安全性，杜绝违法行为，防范公司运营风险，维护公司利益，特制定本管理制度。

二、适用对象

公司公章、法定代表人印章、发票专用章、财务专用章、各部门印章等具有法律效力的印章。

三、使用程序

1. 公司业务合同、项目协议、授权书、承诺书等用印都须先经部门主管审核、公司分管领导批准，填写《印鉴使用签批单》后方可用印，同时需将用印文件的复印件交印章保管部门备案。

2. 印章使用必须建立用章登记制度，严格审批手续，不符合规定和未经主管领导签发的文件、合同等，印章管理人有权拒印。

3. 严禁在空白合同、协议、证明及介绍信上用印。因工作特殊确需用印时，须经公司领导签字同意方可；待工作结束后，必须及时向公司签字用印的领导汇报用印空白文件的使用情况，未使用的必须立即收回作废，已使用的合同协议类文件须报印章管理部门备案。

四、印章管理

1. 公司公章、法定代表人印章由公司主要负责人指定专人保管，发票专用章、财务专用章由财务部门指定人员保管，各部门印章由各部门指定专人专柜保管。各类印章保管人员名单须报公司人事行政部备案，不得随意转借他人。

2. 公司印章保管人员发生变更时，应填写《印章交接表》，并有第三方鉴证人，办好印章移交手续后报备人事行政部存档。

3. 印章保管人员因事离岗时，须由相关部门负责人指定人员暂时代管，以免贻误工作。

4. 印章保管人员须妥善保管印章，若有遗失，须立即向公司报备，同时应依法公告作废。

五、印章使用

1. 原则上不允许将印章带出公司，确因工作需要，部门或个人出现用印需求时，须提前通过集团OA系统向董办提交印章借用申请或印章使用申请（按印章和财务章流程分别提交），同时上传用印资料文件，说明用印原因、用印份数，进行流程审批。

2. 用印部门或个人携带借印或用印审批通过的流程单和需要用印的文件资料至印章保管部门进行印章借用或盖章，并登记《印章使用登记表》。

3. 印章保管人员对文件资料、审批流程单上内容及《印章使用登记表》上签署的情况予以核对，经核对无误后方可借用或盖章，原则上不允许用印人自行操作。

4. 用印后，对《印章使用登记表》或用印资料及时进行留存，定期整理提交至人事行政部进行归档。

六、用印规定

1. 携带印章外出期间，借用部门或个人只可将印章用于申请事由，并对印章的使用后果承担一切责任。

2. 用印文件资料若涉及法律、法规、经济赔偿等重要事项时，须经集团法务部门审核后，方可予以用印办理。

3. 印章保管人员若发现用印部门或个人利用公司印章从事违法行为或有损公司利益的行为时，应立即上报公司总经理办公室，且终止一切用印手续办理，否则由此给公司造成损失或影响后果，印章保管人员承担连带责任，视情节严重程度给予行政处分或赔偿损失。

4. 任何人必须严格遵守本制度规定，未经本制度规定的程序，不得擅自使用（特殊情况除外）。

5. 违反本制度规定，给公司造成损失的，由公司对于违纪者给予行政处分，造成严重损失或情节严重者，移送相应机关处理。

6. 本制度自发布之日起执行，最终解释权归属总经理办公室。

管理个案

张主任答复段小玉的"不解"

某公司的公司名称比较长，其印章上整整有 16 个字。刚入职的段小玉对此十分不解，就询问公司办公室张主任能不能在印章上使用公司简称，让印章上的字体变大、变醒目些，且公司现在的管理制度太严格、太烦琐，自己办事时能不能将公司印章随身带出去使用。

为此，张主任只好详细地给段小玉解释：公司公章是公司处理内外部事务的印鉴，具有特定的法律效力，只能使用规范化的名称，且不得使用简称；公司对外的正式信函文件、财务账报如果使用了公章就具有法律效力，就要承担相应的法律责任，所以公章必须要由公司的法定代表人执掌，法定代表人如果把法定代表人章与公章一同使用就代表公司行为。

请你回答：
张主任的答复对不对？

任务2.4 企业会议管理

任务导读

会议是有目的地把相关人员召集起来商议企业问题、探寻解决企业问题方法的一种企业公共事务活动。在企业的管理实践构建过程中，会议是现今企业领导方法中最重要、最常见、最简便、最有效的一种重要管理手段。举凡制定政策、布置工作、了解情况、统筹协调、宣传动员等，企业领导都要借助会议这种形式来进行。

1. 会议概要

会议指的是企业领导者本着一定的工作目的，有意识地组织和召集下属商议事情、了解情况、布置工作、做出安排的具体行动过程。会议包括四层基本内涵：①会议是企业领导者本着一定的工作目的进行的；②会议是企业领导者有意识地组织和召集下属进行的活动；③会议的目的是商议事情、了解情况、布置工作、做出安排；④会议是企业领导的一种领导活动过程。

从其作用上来说，会议既是企业实现民主、促进进步的有效手段，又是增强领导效果、提高管理效率的有效方式。因此，会议在企业的管理进程中既属于领导者的基本职能范畴，又属于企业领导者实施管理活动所必须采取的基本而常用的形式。会议的构成要素、种类、功能及管理原则详见表 2-13。

表 2-13 会议的构成要素、种类、功能及管理原则

序号	项目	具体内容
1	会议的构成要素	包括六个方面的基本要素：企业会议的名称、时间、地点、人员、组织、主题
2	会议的种类	1）按企业会议的内容可划分为综合性会议、专题性会议 2）按企业会议的目的可划分为办公会议、生产会议 3）按企业会议的规模可划分为小型会议、中型会议、大型会议 4）按企业会议的范围可划分为内部会议、外部会议。外部会议指在企业外部召开的各种会议，包括上级领导部门、系统内外、不相隶属机构之间召集的各种会议 5）按企业会议的召开时间可划分为定期会议、不定期会议
3	会议的功能	1）商议事情、了解情况 2）布置工作、做出安排 3）实施管理、辅助决策 4）加强沟通、促进协调 5）强化监督、实施检查
4	会议管理原则	企业的会议管理必须坚持以下三个原则： 1）强调务实、注重成效 2）多方筹措、精心准备 3）改进会风、改革作风

现在的一些会议，由于受社会上种种习惯风潮的影响，往往失去了企业会议自身面向企业、面向生产、面向一线的方向，动辄求大求广，会则必长必多，片面追求会议规模，甚至片面追求会议的小亦全、大更全，完全忽略了企业与机关会议的应有区别。为此，从提高效率的角度出发，企业举办会议必须尽快改进会风、改革作风。

➡ 想一想：怎样才能控制好企业会议的数量和质量？

2. 会议管理的控制

会议管理的控制包括会议的数量控制和会议的质量控制两个方面，详见表 2-14。

表 2-14 会议管理的控制

序号	项目	具体内容
1	会议的数量控制	1）企业会议数量控制的目的：节约时间，减少人力浪费，提高效率 2）企业会议数量控制的方法： ① 对会议召开的时间做出必要的硬性规定 ② 合并会议，变多会为一会 ③ 压缩会议，变大会为小会 ④ 减少会议数量，能不开就不开 ⑤ 简化会议程序，能短开就短开 ⑥ 规定企业的无会月、无会周或无会日
2	会议的质量控制	企业会议的质量控制可以采取以下一些常用方法： ① 树立科学、合理的企业会议观念 ② 建立和健全企业会议召开的内部制度规章 ③ 尽量压缩企业会议的会期 ④ 尽可能减少参会人员 ⑤ 合并会议内容 ⑥ 限时发言 ⑦ 举办站立式会议 ⑧ 把会议场地前移到第一线，如车间、厂房等 ⑨ 举办非接触会议

会议的质量控制其根本内涵在于提高会议质量。企业会议本身是为企业的生产工作服务的，企业会议的目的就是本着精简、高效、务实的原则，强调厉行节约，不讲排场，不追求形式，提倡少而精，鼓励小而简，最大限度地满足企业生产管理、工作管理和服务管理的需要，促进企业经济效益和社会效益的不断提高。

特别值得一提的是非接触会议。非接触会议是现在我国经济发达地区普遍使用的一种先进的会议方式，它通常利用并借助广播、电视、电话、网络等现代通信手段开会，大大简化了会议形式。随着当前工作、生活节奏的进一步加快和效率意识的不断提高，我国的北上广深等一线城市和其他一些大中城市中传统的"排排坐"的会议样式已发生了变化，诸多利用现代通信网络的"非接触会议"样式，如电话会议、视频会议、手机会议、普发短信等方式正在迅速推广、普及。此类会议的最大特点在于免去了车马劳顿、会场布置、茶水招待、伙食安排等，降低了会议成本，大大简化了会议形式，提高了会议效率。

➷ 想一想：怎样才能控制好企业会议的数量和质量？

3．会议组织

会议组织是保证企业会议质量和效果的重要环节，是会议得以顺利完成和取得成功的关键所在。规范的企业会议组织，一般可以划分为会前准备、会中服务、会后工作三个基本作业程序。

（1）会前准备

会前准备是企业会议召开之前的相关准备工作。它是会议能否按照预定程序逐次展开、顺利完成的基础和前提。会前准备内容详见表2-15。

表2-15 会前准备内容

序 号	工作项目	具体内容
1	制订企业会议计划	1）要根据企业的工作需要和企业领导的意图，就会议召开的情况做出总体筹划 2）要将会议召开的名称、时间、地点、主题、主持人、议事日程、与会人员初步确定下来，报送有关方面进行会前审核 3）确定召开会议后要事先通知所有的与会者，以便让其有和缓的与会准备，调节和安排与会时间 4）要根据企业会议召开的实际需要制订出会议预算
2	制订企业会议预案	1）会议名称。即拟召开会议的标准和规范的名称。会议名称的基本构成方式是：单位名称＋时限＋会议内容＋会议性质。例如：云南交通职业技术学院2018年创先争优表彰大会；云南师范大学2019年科技活动表彰暨研究生成果推介大会 2）会议主题。即召开会议的目的、根据、原因和主导思想、主导内容 3）起止日期。即召开会议的开始日期、结束日期 4）议事日程。即召开会议的具体日程安排和议题安排 5）与会人员。即召开会议的参会人员。与会人员包括：出席人员、列席人员、特邀人员、工作人员等 6）筹备班子。设立会议筹备班子的目的是进一步明确各工作人员的职责分工，做到横向到事，纵向到人；人有专职，事有专人；分工合作，强化责任。会议筹备班子按职责的不同又可分为若干个工作班子：秘书组、资料组、宣传组、后勤组、保卫组 7）会场布置。企业会议的会场布置一方面包括场地选择、话筒设施、空间温度、光线照明、音响调试等；另一方面包括主席台设置、座位排列、会标悬挂、花卉陈设 8）活动安排。即会议过程中由会议组织方安排的各种活动，如参观访问、外出考察、分组讨论、联欢娱乐等。会议活动是企业会议的正式内容和重要组成部分，其目的一是促进与会人员的联系、交流、沟通；二是配合会议内容，巩固会议效果；三是帮助与会人员开阔视野，愉悦身心
3	准备企业会议文件	具体内容一般包括：开幕词、领导人讲话稿、工作报告、交流材料、会议须知或会议手册、闭幕词
4	发送企业会议通知	会议通知上要写明的内容包括：会名、会因、会期、报到和开会的时间、地点、参会的人员范围、接站及行车路线、需携带的材料、需缴纳的会议费用
5	布置企业会议会场	会场是举行会议的具体场所，会场布置要根据会议的实际需要和其他各种相关因素考虑。重点要注意会场大小、座位多少、音响效果、话筒设施等。布置企业会议会场的基本原则是朴素大方、简洁庄重，能够体现会议的气氛和主题
6	排列企业会议座次	企业会议座次包括主席台座次和其他座次。主席台座次以与会人员的职务或社会地位、名望高低排列，最高者排在主席台第一排的正中间，其余按高低顺序，以正中间作为起点，面向会场，依左为上、右为下的原则交叉排列。座次安排须报领导者审定。其他与会者的座次排列，有按汉字笔画顺序、按地理位置、按行业系统等排列方式
7	进行与会人员编组	对与会者进行编组的目的是方便分组讨论和会间活动。编组的方法有按地区编组、按专业编组、按职务职称层次编组等
8	制发会议名册证件	与会人员名册是与会者之间进行联系的必要工具，名册包括姓名、性别、年龄、工作单位、职务、电话号码、通信地址、房间号等项目。大型会议还常常需要印制有关证件，如出席证（代表证）、嘉宾证、签到证、工作证、记者证等，以便于识别身份、统计人数和保障安全
9	编制会议代表手册	会议手册（或会议须知）是大、中型企业会议用以指导与会者活动的印刷制品。其项目包括大会各级工作机构、一般情况介绍、分组情况、大会日程表、各项活动时刻表、会场及分会场平面图等
10	进行会前检查	企业会议正式召开以前，要对会议的各项准备工作进行全面、认真、细致的检查，重要会议还需要进行反复检查。检查的重点包括会议文件、会场布置、安全保卫等

（2）会中服务

会中服务是指会议正式进行期间的相关服务，内容详见表2-16。

表2-16 会中服务的内容

序号	工作项目	具体内容
1	会议签到	会议签到的方法有三种： 1）簿式签到，即与会人员在签到簿上签署名字，表示已经到会 2）卡式签到，即会议组织者将事先印制好的证件卡预先发给与会人员，报到时交卡即可作为签到 3）电子签到，即会议组织者利用电子签到方式让与会人员签到
2	会场服务	会场服务是会议工作人员在会场提供的茶水、纸笔、音响等服务
3	会议记录	会议记录是会议组织者对会议情况进行的最原始、最全面、最真实的记录，包括文字记录、录音记录、录像记录、文稿存留等
4	编写会议简报	编写会议简报是具体反映会议情况、进程、动态的书面材料，以便向与会者或非与会者通报会议情况
5	进行会间调度	会间调度是会议组织者在会议进行期间对会议程序、会议内容、会场服务等情况进行临时的变通、调整和安排
6	组织会议选举	会议选举的一般程序是：宣布参加选举的人数和选举内容；通过会议选举办法；通过监票人、总监票人名单；核实出席会议并选举参加选举的人数；检查票箱；分发选票；填写选票；宣布投票顺序和进行投票；宣布开箱清点选票，报告收回选票数；宣布选举是否有效；进行计票；宣布选举结果
7	安排会间生活	安排会间生活是安排好与会者的食宿、交通、活动、参观访问和业余文化生活

（3）会后工作

会后工作是指会议结束以后在较短时间内必须配套完成的，跟会议内容和商定事项密切相关的一切会议收尾工作。会后工作的内容详见表2-17。

表2-17 会后工作的内容

序号	工作项目	具体内容
1	清理会议文件	清理会议文件是在会议结束以后及时地进行会议文件的清理、回收、整理及立卷归档，目的在于保存会议进行的原始资料，为今后的工作提供方便
2	印发会议纪要	会议纪要必须根据会议记录、会议文件以及其他有关材料加工整理，必须具体反映会议基本情况，传递会议内容，必须以反映会议议定事项和重要精神为主线，必须以要求有关单位执行为出发点和落脚点，是企业会议的有机后延和必要补充
3	进行会议总结	会议总结是对会议召开的得失情况和进程做出的总结。进行会议总结的目的在于肯定会议成绩，总结会议经验，找出会议不足，以求加以改进
4	会后检查催办	会后检查催办是由会议指定的文书或文秘部门对会议通过的议题、议程及执行情况进行落实、检查，督促、催办。进行会议检查催办的目的是为了进一步巩固会议效果，提高会议效率

拓展阅读

会议市场中的"二八定律"

会议市场中的"二八定律"是站在市场的角度，用市场评估的思路与方法观察评价会议。应该说凡是市场，都会存在不同程度的分布不均匀现象，这样的话，二八定律就有了发挥作用的空间。细细琢磨，挺有意思，不知道你是否认同。

1. 20%的社团和企业举办了中国80%的重要会议及活动。在民政部注册的国家一级社团组织超过2 000个，但真正举办重要国际会议和全国性会议的社团机构也就400个左右，它们主要来自中国科协和国资委两大系统。别看社团所举办会议的种类有很多，但从参会总人数、花费总额等指标看，每年定期举办的会议——"年会"占了其中80%以上的份额；活跃在中国市场的世界500强和中国500强企业（有部分重叠）中，对中国会议市场贡献最大的企业数量只占20%左右，它们主要来自汽车、医药、IT、直销与快消等行业。如果按企业性质划分，占GDP20%的外资企业对于中国高端会奖市场的贡献率达到80%，国有企业和民企只占了其中的20%。

2. 20%的参会者支撑了会议市场花费总额的80%。根据美国会议产业的统计报告推测，我国每年参加一次以上市场性会议的人数应该在两亿人左右，但只有4 000万～5 000万人的年度参会频率达到两次或以上。从人均年度会议总花费角度分析，在这部分人群当中，约有20%的人属于"高频度参会群体"和"高费用支付群体"——包括企业、社团、事业单位、政府等机构中的中高层管理人员、专业人士、市场及销售人员等，他们贡献了中国会议市场总花费的80%。

3. 20%的PCO（Professional Conference Organizer，专业会议组织者），即会奖公司承接了80%的会奖业务。在北京和上海，作为PCO直接从客户那里承接会奖业务的公司有四五百家，但成规模的也就100家左右——他们拿走了中国会奖市场80%的业务份额。不仅专业会奖公司是这样，遍及中华大地的DMC（Destination Management Company，目的地管理公司）也一样：为数不多但影响力更大的公司承接了市场上绝大部分的会奖业务。

4. 20%城市的会议接待量占中国会奖市场总额的80%。中国境内三四线以上城市有几百个，但真正算得上会奖目的地的最多也就100个，而在这100个会奖城市当中，最有影响力的20个占有了市场总额的80%。中国出境会奖目的地说起来也不少，但真正经常使用的也就是其中的20%。

5. 20%的会议中心拿走了全国会议中心总收入的80%。中国境内自称会议中心的设施至少也有1 000家，但真正能在会议市场上占据一定份额并良性运转的会议中心大约200家左右，而其中的40家——位于主要会奖城市且具有一定影响力的会议中心，拿走了中国会议中心业务收入总额的80%。

6. 20%的国际品牌酒店占有中国高端会议及活动市场80%的收入。中国境内每年举办的会议数量虽然很大，但能够达到金字塔顶端的高端消费却占比不大。虽然大家都想获得这部分高端业务，但最大的赢家是国际品牌酒店——它们在数量上所占份额虽然不大，但获得的收入却很高。

> **随堂测**
>
> ● 会议的名称、时间、地点、人员、组织、主题，构成了企业会议的基本要素。
>
>   正确 错误
>
> ● 会议中限时发言是提升会议质量的有效措施之一。 正确 错误

管理个案

保护企业的又一种"做法"

西南边疆的某一个贫困县经济尚不发达。在 2005 年的招商引资大潮中，该县利用当地多山多石的资源优势，引进外资近 5 000 万美元，兴办了一家中等规模的县办企业——新型大理石板材厂，具体从事以大理石板材的生产、加工、销售、原料、经营为一体的一条龙生产，并实现了当年投资、当年投产、当年见效。

利用外商投资、外销渠道通畅的有利条件，该厂产品走高起点的发展路子，建厂伊始即初步创出自主品牌，主要从事外销。其产品主要销往我国香港和东南亚地区，年创税利 7 000 万元人民币，一跃成为该县赫赫有名的税利大户。该县办企业因此成为该地区发展地域经济的典型，多次受到省、地、县三级政府的大力表彰。

此后，全省与之自然条件相类似地县的各种考察团、参观团和学习研究组织纷纷登门拜访，一时间导致该厂陷入接待困境：厂级领导、行政办公室人员整天奔忙于层次不一的宾客接待工作；生产车间、原料车间、销售部门、经营部门人来人往，应接不暇；各类名目繁多的费用、赞助纷至沓来。凡此种种，导致企业不堪重负：生产节奏紊乱，局面被动，秩序混乱，效益下滑，浪费了大量的人力、物力和财力。与此同时，各地准备参观学习的单位还在不断致信致电，要求前来参观学习。

为此，当地县政府从保护企业、推广经验的目的出发，在征得上一级政府领导部门同意后，决定在该县召开一个约 500 人参加的经验交流会议，广邀各有关方面单位参加。将会议的举办地点放在作为第一现场的该县办企业内，相应的会议准备工作交由该企业自行筹备，20 万元会议经费由该县财政提供，并通过有关渠道广泛郑重地声明，以后一般的参观学习必须首先通过该县宣传管理部门审批才予以安排。

由于采取了上述办法，会议举办后该企业各方面的工作逐渐恢复了正常。该县办企业的领导、行政办公室人员亦得以从各种频繁应酬和琐碎事务中脱出身来，企业的生产经营活动重新走上了正轨。

在上述案例中，因笼罩在企业身上的光环而导致企业陷入大量的、无谓的、琐碎的应酬接待中，既耗费了大量的人力、财力和物力，又耽误了企业正常的生产经营活动的开展。在这种情况下，当地县政府从保护企业、推广经验的目的——其实也就是"挡驾"目的出发，在征得上一级政府领导部门同意后，提供了 20 万元会议经费，在该县召开了一个大规模的经验交流会议，广邀各有关方面单位参加。经验交流会议举办后，特别是郑重声明以后一般的参观学习必须首先通过该县宣传管理部门审批才予以安排后，较好地减轻了企业的会议接待压力，使企业重新恢复了平静，企业的生产经营活动也得以走上了正轨。因此，这是实际工作中一个比较典型的、能够真正体现和发挥会议效用的生动例子。

请你回答：

结合实际说明：当地县政府为什么要为企业"挡驾"？

课堂实操

实操 1:请以小组为单位,每组 5~7 人,具体讨论企业会议管理中的以下会议专题。

1)有一种观点认为,企业会议的价值和出席会议的人数往往是成反比关系的。即:出席会议的人越多则会议越不重要;出席会议的人越少则会议越重要。对此观点你怎么看?

2)关于会议社会上流传有一种说法:"过去叫开会,现在叫论坛"。对此倾向你怎么看?

实操 2:请以小组为单位,每组 5~7 人,具体讨论企业会议组织中有哪些要点、重点和难点。

1)假设你所在的单位要组织召开一次年终总结会议,由你来具体安排和组织,你准备怎么样做?

2)请尝试起草一份普通单位的会议流程图。

内容提示:公司会议流程图要点

1)填写会议审批表,明确会议时间、地点、日期、议题、议程、预算、与会者以及其他相关要求。

2)根据会议内容提前做好会议相关准备工作。

3)按要求及时通知相关参会人员,做好通知记录(大型会议须提前上报与会人员名单)。

4)做好会议的宣传工作和各种条幅准备工作,如条幅、台签、座区划分、会场卫生、会议材料、多媒体设备、录音录像、会议礼仪、水果茶点、其他相关物品。

5)会议签到,合理引导与会领导、来宾及与会人员就坐。

6)做好会议的会议记录,会后整理做好会议纪要。

7)会后清理会场、整理归档相关会议资料。

课堂评价

以小组为单位,由教师对学生课堂实操完成情况进行评价,并将评分填入表 2-18 中。

表 2-18 课堂评价

评价项目	是否完成(满分 40 分)	完成质量(满分 60 分)	考评成绩(满分 100 分)
实操 1			
实操 2			

项目 3　企业行政协调与沟通管理

名人名言

管理者的一言一行,都必须兼顾临时之计和长远目标。

——彼得·德鲁克

能力目标

掌握企业行政协调与沟通要义。
掌握企业行政协调与沟通技能。
掌握企业行政协调与沟通艺术。

素养目标

具备必要的企业行政协调与沟通管理能力。
具备必要的企业行政协调与沟通管理方法。
具备必要的企业行政协调与沟通管理知识。

任务描述

　　亲爱的同学,你想知道企业行政协调与沟通管理的含义和注意事项吗?你想掌握企业行政协调与沟通的技能吗?企业行政协调与沟通有哪些作用呢?在具体的企业行政协调与沟通中要遵循什么原则呢?通过本项目的学习,你将掌握以上企业行政协调与沟通管理的相关知识。企业行政协调与沟通管理可以分解为以下任务,如图 3-1 所示。

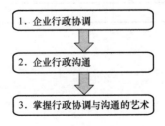

图 3-1　项目任务分解图

任务 3.1　企业行政协调

任务导读

想要了解企业行政协调，首先要了解什么是企业行政协调以及它有哪些特点；其次，要把握企业行政协调的地位和作用、遵循的原则。在此基础之上，学习企业行政协调的内容和方法。

➥ 想一想：你认为有必要进行企业行政协调吗？

_____

_____

_____

企业作为一个独立的经济实体，必然有自己的预期目标和利益取向，而企业内部的各个部门由于所处的地位、所负责任的不同，企业员工之间知识、经验、智力、性格和观察问题的角度也有差异。于是，他们在执行企业决策与计划的过程中，尽管有行政控制的存在，但一些无法预见的矛盾与利益冲突难以避免，这就需要通过一种综合性的管理职能——企业行政协调来加以解决。

1. 企业行政协调的含义及特点

（1）企业行政协调的含义

企业行政协调，是指企业行政管理过程中的协调，是企业为达到一定的预期目标而引导有关部门、单位及员工在利益上、行动上、数量上和时间上最大限度地协同起来，使他们之间建立良好的协作与配合关系，以实现共同的目标，完成共同使命的管理行为。在这里，协调既是一个过程，也是一种结果。企业行政协调的目的在于使企业内部各部门和员工之间在工作上密切配合，分工合作，避免工作重复与事权冲突；使各部门与员工在和谐一致的情形下执行任务，消除浪费，提高企业行政效率；使多数人的力量形成整体的力量，使个别的努力成为集体的努力，使单独的行动成为合作的行动；使每个企业员工在自己的岗位上尽职尽责。

（2）企业行政协调的特点

1）目标导向性。企业行政协调是为了有效地实现企业的预期目标而开展的工作，它必须以企业的总目标作为其行为的导向，企业的总目标是企业的"导航灯"。只有在企业总目标的指导下，企业行政协调机构或人员才会把企业各部门的子目标加以调整，引导他们之间分工协作，互相配合，从而同步地、和谐地完成任务和工作。

2）权威性。从企业行政协调的目的上来看，要想使一个协调计划、方案得以发挥出最佳效用，协调者在行政级别上必须高于被协调的几个平级部门或个人，只有这样方可使协调具有权威性，以利于协调方案的顺利实施。倘若进行企业行政协调工作的部门或人员在级别上与被协调的各部门都处于同一层级，往往会造成以下几点不利：第一，从事企业行政协调的部门或管理者自身很难跳出本部门或本人的利益圈层，难以制订出公正的协调计划；第二，即使从事协调工作的部门或人员超脱出本部门利益圈层干扰，并制订出公正的协调方案，但由于其在组织级别上与被协调部门平级，被协调部门往往对这些协调方案采取不重视或不理睬的态度，甚至出现不服从管理的状况。所以，保证企业行政协调的权威性是很重要的，企业常将这一重任交给最高管理层来完成。

3）约束性和强制性。由于企业的各个职能部门以及在不同岗位上的员工都是一个相对独立的利益单位，在他们追求自己部门利益最大化时往往会忽视企业整体利益，于是企业行政协调便应运而生，但只有在保证企业行政协调有一定的约束力和强制力的基础上，企业行政协调才得以发挥其真正的效力。一旦通过仔细权衡制订出的协调计划下达之后，各部门就必须按照协调计划上所规定的要求去开展各自的工作，必须以协调方案作为自己行动的导向。

4）成本性。由于企业是一个独立的经济实体，企业的各种管理活动都要计入企业营运的成本中加以核算，所以企业行政协调相对于政府行政协调而言，其成本性特征就更为明显、更为突出。企业在从事行政协调时，随时随处都要想到如何以最低、最少的投入获取最高、最多的产出。所以在对协调方案进行决策时，不仅要看方案实施效果如何，还应该注意方案执行的成本怎样，必须将效果与成本做权衡比较与考察。可见，企业行政协调已经深深地打上了"效益"的烙印。

5）广度性。企业行政协调所涉及的范围很广，企业行政协调有广义与狭义之分。狭义的企业行政协调专指企业内部纵横各方面的协调，广义的行政协调不仅包括企业内部协调，而且还包括企业的外部协调。现在我们所指的企业行政协调一般都是针对广义而言的。由此可见，行政协调不仅涉及企业活动的方方面面，还包括企业与外部大环境发生的各种活动关系的协调工作，它具有很大的广度性。

2. 企业行政协调的地位与作用

➥ 想一想：企业行政协调为什么重要？

_____

_____

_____

（1）企业行政协调的地位

在企业行政管理机制运行过程中，之所以需要企业行政协调，是因为在企业决策的贯彻、执行过程中，企业各部门之间发生冲突或矛盾等现象难以避免。企业的行政决策通常只确定该企业各项活动的总的原则和方向，而对各项活动的数量和进度都没有明确的规定，因此，当企业各职能部门在制订各自的计划时，由于各职能部门都有自己特定的目标、特定的工作条件（内部条件和外部条件）以及与各职能部门的特定目标和特定工作条件联系的特定利益，就很容易形成企业内部各部门的具体计划之间的冲突。

企业的管理一般包括三个层次：第一，最高管理层，即决策管理层，它负责企业目标和战略计划的制订；第二，中间管理层，即计划管理层，它负责制订企业的各项具体行动计划，并保证各项计划的贯彻实施；第三，基层管理层，即执行管理层，它负责执行企业的各项计划。这三个管理层既有分工，又有联系。在有些企业中，三个层次还存在重叠。

这三个管理层的关系如图 3-2 所示。

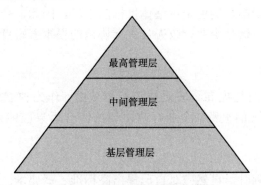

图 3-2　企业组织的管理层次

从企业组织中三个管理层的分工可以看出，企业的最高管理层必须对中间管理层制订出的各项计划有所了解，并且要尽量使各项计划之间能相互协调。因此，企业行政协调活动开展得好坏与否，对以后企业各项计划的执行以及企业整体预期目标的达成有着十分重大的意义，它往往成为企业行政活动迈向成功的重要一步。

（2）企业行政协调的作用

企业行政协调的主要目的和根本作用就是要解决企业各个部门和员工之间所发生的矛盾和冲突。企业行政协调贯穿于行政的全过程，对企业行政的高效运作起着不可或缺的作用：

1）整合关系。企业行政要求把在分工制度下发展起来的不同的企业部门间、人员间的专业化活动联合为有机的整体活动。企业的分工每进一步，企业行政协调也要随之发展。分工提高了效率，但不免带来一些消极因素，如各自为政、条块分割等。

2）统一计划。企业的决策、计划在实施过程中需要不断地协调和修改，使之更加符合客观实际，使各项计划之间很好地配合，避免不切实际的打算及其在各个目标上互相抵触与重复，同时，要不断协调执行计划所必需的人力、物力、财力，协调决策者之间、决策者与执行人之间的关系，尽可能地吸收实施计划的人参与拟定计划，以利执行。

3）调整组织。企业组织按一定形式构成，并发挥一定的企业行政功能。企业行政功能的正常发挥有赖于各部门间、人员间的协调，很大程度上又受该企业组织体制的影响。世界上一切事物都在运动变化，企业行政管理情况更是这样，从来不存在一个适用于任何时候、任何条件的企业组织结构。当情况发生变化时，原先的组织体制也要做出某些调整，以便适应新情况。

3．企业行政协调的原则

▶ 想一想：企业行政协调要遵循哪些原则？

_____
_____
_____

企业行政管理人员在从事企业行政协调时，应遵循以下原则：

（1）目的性

企业制订的各项计划都是实现企业整体目标的手段，因此，企业行政协调的根本目的是使企业目标得以实现，这是企业行政人员进行协调的根本着眼点。良好的协调开始于正确的观点和态度。

（2）效益性

企业行政协调的目的是提高经济效益和社会效益。作为独立的经济实体，企业的效益如不能提高，就是最大的失败，企业行政协调的综合后果应能使企业获得最大限度的效益。

（3）现实性

企业在制订各种计划时，自然应对自己提出高标准、严要求。如在制订成本计划时应尽量使计划成本降低，在制订质量计划时应尽量使质量提高。

（4）周全性

在企业行政协调实施之前的计划阶段就应做到"未雨绸缪"，考虑到将来各项活动之间可能发生的关系，预先有所准备，免得"临时抱佛脚"。所以，在企业行政协调过程中，应尽量考虑与协调问题有关的其他问题。协调原为解决某一特定的问题，如解决不慎，就会引发其他问题。

（5）灵活性

企业组织的内外关系是不断发展变化的，我们应当以动态发展的观点来看待这一事实。一方面，企业内部的各种活动经常随着时间的推移而发生一些变化；另一方面，企业外部的环境因素也处在不断变化之中。

（6）参与性

企业各部门的每一个员工都应清楚了解本企业所从事活动的目标、方针、政策和标准等，并能积极参与实践，这样才能达到有效协调。同时，还要鼓励企业中、下级管理人员直接参与协调。企业行政上需要协调的事虽多，但有轻、重、缓、急之分。重大紧急的问题，应由企业上级主管人员主持协调；一般性问题，则可让具体工作人员直接协调，以便提高效率。经过中、下级管理人员直接协调达成一致意见后，即可采取行动，如上级需要了解协调经过，则可报告上级。

（7）授予参与协调者适当权限

派代表参加协调时，应授予该代表适当权限，使他能真正代表企业组织对协调问题发表意见，并对协调结论表明态度。如果所派代表无实权，对结论不敢置否，需回去请示后再做决定，将使企业行政协调失去意义。被派代表应以书面形式或口头形式报告主管协调结果，同时，企业行政主管对所派代表参与协调后所达成的结论应采取支持态度，增强协调的效果。

（8）注意非平衡因素的影响

企业对自身内外各种关系进行协调，只是为使组织降低内耗，保持平衡，增加整体功能，而非使企业对矛盾采取回避或调和态度，亦非使它对错误行为一味妥协退让，不讲原则地搞一团和气的"均衡"。事实上，各方面都处理得四平八稳却呈"一潭死水"状态的企业不可能发挥良好的整体功能。

> **管理个案**
>
> （人物：通达食品公司总经理秘书小李、公司海外市场部徐经理、公司郭总经理）
>
> 公司市场部徐经理正在总经理办公室就市场部两名员工的辞职问题与郭总经理讨论着。徐经理认为应该给他的两名员工加薪。因为他们是人才公司，在一开始有危机时招入他们，正是由于他们的加盟，公司产品的市场被打开了，而现在公司一切已步入轨道，那两位员工却想要离开公司去别处发展。总经理在经过询问后得知，那两位员工想走并不是因为薪酬的问题，而是因为工作不具有挑战性，而且他们无法接受市场部徐经理的管理方式，这使他们不能发挥才能。总经理最后一再强调，不能再给他们加薪了，因为他们的薪酬已经很高了。由于某些原因，总经理对徐经理的做法并没有说什么。徐经理回到办公室后非常气愤，一个劲地说着总经理的不是。
>
> 请你回答：
> 假如你是知道前因后果的总经理秘书小李，你会怎样协调他们之间的关系？

4．企业行政协调的内容

➥ 想一想：企业行政协调涉及哪些内容？

_____

_____

企业行政协调的内容十分广泛。企业行政协调活动在企业行政管理全过程中是不可缺少的，也就是说，企业行政管理的各阶段——组织、决策、执行，都离不开协调活动。可以说，企业行政协调已深入到了企业行政管理全过程中。具体而言，企业行政协调的内容包括以下三个方面：

（1）企业内部关系的协调

企业内部关系有两层含义，一是指行政部门本身的工作关系，二是指企业内部的各种关系。行政部门内部要充分调动每个员工的积极性，做到既要明确分工，又能互相配合，拾遗补缺，保证其高效正常运转。从企业内部来讲，各部门之间理顺关系和工作程序，完善运行机制，使之能紧紧围绕中心任务和总目标协调一致地开展工作。内部关系协调是行政部门协调工作的重头戏，应下大力气抓好。

（2）企业组织机构之间的协调

企业组织机构之间的协调包括上下协调和左右协调。

1）企业上下关系协调。上下关系即纵向关系，本企业与上级主管部门、上级企业或下级分支企业、部门之间的协调，简称为上下关系协调。上级企业采取沟通和其他有效措施协调与下级分支企业间的关系，从而形成良好的工作秩序和权责分工与配合。

2）企业左右关系协调。本企业与平级的企业、单位的相互协调，简称为左右协调，它包括本企业与兄弟单位之间的协调、本企业与友邻单位之间的协调、本企业与协作单位之间的协调。例如，跨国性企业往往会出现企业总部与驻各国的分支企业之间的协调关系，对于在各国的分支企业而言，与企业总部之间的协调就为上下协调，与平级的驻其他国家的分支企业之间的协调则为左右协调。

（3）企业组织机构与环境之间的协调

企业的一举一动都受环境的影响，企业作为一个组织机构必须首先与外界进行物质、能量和信息的交换，方能取得生存的条件。尤其是在知识经济日趋占主导地位的今天，信息产业蓬勃发展，对作为市场经济的组成细胞的企业提出了更加迫切的要求，这就是企业要想顺应新的潮流，并在市场经济条件下做到"游刃有余"，就必须时时刻刻关注外界的信息，及时地分析、处理信息，并能准确恰当地运用信息。

在企业行政协调中，要着重协调行政管理过程中的总分关系、上下关系、左右关系和内外关系。

1）总分关系。总分关系是指企业行政层级的领导与职能部门的关系。协调总分关系，主要采取三种方式：集权制度；分权制度；责任中心制，又称集中服务的分权制。

2）上下关系。上下关系是指一个企业内各层级领导之间、领导与行政人员之间的关系。协调上下关系，一般采取如下办法：

① 实施分层负责制度，就是将决定权逐级下授。一件事情必须由有关领导决定，并负起主要责任，然后交由有关人员办理。

② 实施例外管理原则。有关企业行政事务，如果事先订有标准（如计划、预算、工作命令、程序方法、工作进度、规格范式等都可以视为标准），执行的时候没有发生与原定标准不符的事情，那么不必向上级请示，全体企业员工可以在工作岗位上按规定标准各司其职。如果遇到与原定标准不相符合的事情，应当向上级请示，经上级批准后再行办理，这就是例外管理原则。例外管理与分层负责结合，企业行政协调效果就更为显著。

③ 加强上下级之间的意见交流，上情迅速下达，下情迅速上达，上下级间意见畅通无阻，是协调上下关系的良方。在企业行政协调中，可采用会议的形式，让下级有充分发表意见的机会；采用发行刊物的形式，让下级人员发表意见和看法；采用民意测验的方式，以获得下级对企业组织和企业领导的看法；采用观察的方法，听取工作人员的意见；采用闲谈的办法实现上下沟通等。企业应切实加强参与管理，通过下级参与决策，实现群策群力的管理。

3）左右关系。左右关系是指一个企业行政组织机构中各部门之间的协调关系。这种横向协调关系对企业行政工作效率的影响极大。企业行政要协调好这种横向关系，一般采取如下措施：

① 企业各部门间职责分明，通过办事细则和岗位责任制，对各部门的职责做出合理的划分，从而避免扯皮和推诿现象发生。

② 实施法约尔式的阶梯联系，即各职能部门的部门经理之间、部门负责人之间等，依据彼此之间的权限，在规定的范围内发生横向联系，从而协调部门与部门之间的关系。

③ 通过确定工作的程序和时限，使企业各个部门的工作环环相扣，密切协作。除此之外，还可通过会商与会办协调各部门之间的关系。会商就是在工作尚未办理之前，由有关部门先行商定办理原则，如举行会议、会谈、汇报、电话联系等；会办就是对某种特别紧

急或重要的事项，由企业各部门指派人员组成临时工作小组会同办理。

4）内外关系。内外关系是指企业与其他企、事业单位、机关所发生的协调关系，这属于企业外协调部分。企业处于市场经济竞争的环境之中，它是一个开放系统，必然与外部环境发生联系。在企业内外交往过程中，冲突和矛盾难以避免，于是对协调工作又提出了更高的要求。在企业内外关系的协调过程中，十分注重的是对各种信息的收集和反馈工作，这就必然涉及对一些先进管理技术、方法的引进和运用。要搞好企业的内外关系协调，就必须使企业在管理方式、方法、技术上跟上时代步伐，并对瞬息万变的外部环境做出迅速的反应。

5．企业行政协调的方法

↘ 想一想：企业行政协调有哪些方法？

_____

_____

_____

企业行政协调的基本方法包括两大类，即企业行政协调的工作方法和企业行政协调的技术方法，其中企业行政协调的工作方法又包括组织体制协调法和公共关系协调法。

（1）对下关系协调的方法

1）面商协调法。对不涉及多方，或者虽涉及多方，但不宜和不必以会议方式协调的问题，可以用面商的形式。面商方式比较灵活。可以是代表组织意见的正式谈话，也可以是个人之间的谈心和交流，可根据不同需要灵活处理。

2）商榷式协调法。协调者以平等的身份，商量的态度，探讨的口气，发表自己的意见，征求对方的看法，共同寻求解决问题的最佳方法，达到协调的目的。在针对重大问题做出决策前，上下级之间、平级之间、部门之间应共同磋商。

3）建议式协调法。协调者以平等的身份、建议的态度、谦逊的语言将自己的意见转告给对方，提请对方选择采用。而不是要求对方去做什么，更不是指使别人做什么和怎么做。平行关系、无隶属关系的单位之间及上级机关某部门与下级单位之间，往往采用建议式协调法。这种协调不具有强制性和约束力，但具有一定的影响力，有助于解决问题。

（2）上下关系的协调方法

1）文字协调法。这是经常采用的协调形式，如通过拟订工作计划，部署活动，订立制度，集体审定、修改文稿等形成统一认识。协调行动可使组织内部上下各相关方面的工作协调运转。这种形式具有规范性、稳定性，是较长时间内保持协调关系的依据。

2）信息沟通法。现实生活中的很多矛盾是由于不了解情况，凭主观臆测加上偏听偏信造成的。一个治此症的良药就是沟通信息。有关部门、单位和人员如实沟通情况，就能解除误会，消除隔阂。

3）政策对照法。对同一项工作，有的部门认为该办，有的认为不该办、不能办，往往众说纷纭，各持己见。在这种情况下，就要对照党和国家以及组织内部的方针、政策、法规，用政策统一思想，形成共识。

（3）与领导关系协调的方法

1）捕捉有力的协调时机。在协调工作中，时机把握得好，可事半功倍；时机把握得不好，事倍功半。协调对象精神愉快，心情平静时，容易接受别人的意见和建议。在条件成熟时或上级政策方针明确时进行协调，容易于取得成功。这就需要秘书人员能敏锐地捕捉信息，要有观察问题、发现问题的能力，善于发现偶然线索，抓住有利时机和条件，并加以利用进行协调。

2）学会换位思考，在实际工作中，由于各自所处的位置不同，看问题的角度也不一样，可能会产生分歧和不能领会领导的意图，在这种情况下，我们不能简单地重申和强调自己的看法和意见，而是要理解领导，并试着将自己置于对方的位置，以对方的处境、情感及观点来考虑和看待同样的问题，求大同、存小异。

任务 3.2 企业行政沟通

任务导读

同学们，学习了企业行政协调之后，你们会更加理解企业行政沟通对于企业的意义。通过本任务的学习，你将了解企业行政沟通的含义，掌握企业行政沟通的特点，进而知道企业行政沟通有哪些类型以及处理过程。

➥ 想一想：企业行政沟通的必要性有哪些？

1. 企业行政沟通的含义

中国有句"政通人和"的古话，说的就是只有上下沟通，才能形成万众一心的和谐局面。由于沟通的重要性，各企业行政管理学研究者对其定义甚多，较具代表性的定义是：沟通是人们在互动过程中，通过某种途径和方式将一定的信息从发送者传递给接收者，并获取理解的过程。这个过程通常伴有激励和影响行为的意图。沟通有两个基本条件，即要有信息的传递与信息的理解。因此，简单地说，沟通是指人与人之间进行交换信息和传达思想的过程。

企业行政沟通是指企业行政工作中，部门与部门之间、工作人员之间为了达成某种目标，用语言、文字、图片、动作等交换有关问题的内心感受、观念、意见、事实与信息等，以期获得相互的了解并产生一致行为的过程。沟通是双方的行为，同时也是一个过程，这个过程通常伴有激励和影响行为的意图。简言之，企业行政沟通就是开展工作所需要的信息传递和了解的过程。

2. 企业行政沟通的特点

企业行政沟通作为人与人之间的沟通过程，有不同于其他沟通过程的特殊性。这些特

点主要表现在以下三个方面:

1)心理因素对企业行政沟通影响很大。企业行政沟通是人与人之间的信息交流过程。由于人都有爱憎、喜怒、哀乐等情感,同时又具有丰富的想象力,因此,人们在进行信息交流的时候会不由自主地受到这些情感及心理因素的支配,从而对沟通的效果产生很大的影响。心理因素会首先影响信息发送者发送信息所选用的语言、表达方式、沟通形式;其次,心理因素也会影响信息接收者对信息的理解与解释。由此可见,企业行政沟通不是简单的机械式的语言传递,而是带有丰富的感情色彩的人际交流。同样一句话,不同的人在不同的场合,以不同的方式说出来,会传递着不同的信息,而不同的人听了,会做出不同的理解。其原因除了信息接收者个人能力水平差异之外,最为重要的是心理因素在起作用。

2)企业行政沟通过程既是一个信息传递过程,同时又是培养感情、交流感情的过程。由于人的心理因素在沟通中起着作用,所以沟通就不是简单的信息传递过程,而是伴随着思想、感情等的交流。通过沟通,我们不仅传递信息,而且还表达赞赏、不快,提出自己的意见。沟通的内容除了事实之外,还包括情感、价值取向以及意见观点等。如果沟通良好,信息不仅可以在企业内部进行准确、及时、完整的传递,保证企业运转顺畅,而且也有利于人们之间进行思想、感情交流,增进了解,建立良好的人际关系。

3)企业行政沟通主要是以语言为载体,通过语言来进行的。企业行政沟通过程中,语言是最基本的工具。当然,这里的语言是指广义的语言,它包括了口头语言、书面语言(包括各种报表和数据资料)、体语等。选择合适的沟通语言,不仅指词句应准确、清晰易懂,而且还包括语言形式要适当。选择不同形式的语言进行沟通,其效果是不一样的。

3. 企业行政沟通的过程

沟通就是将信息带给对方,就是发送者将信息通过选定的渠道传递给接收者的传播过程,及接收者对发送者的信息做出反应的反馈过程,带有个体的情绪、认知、态度等心理特征,它不仅是一种逻辑传递,也是一种理性与情感的混合交流。基于此,企业行政沟通的过程包括下列七个阶段,如图 3-3 所示。

图 3-3　企业行政沟通过程

(1)发送者意愿的形成

发送信息的一方,首先决定应发送何种信息,也就是决定发送的内容。信息的内容越简明,则意愿沟通的效果越大。而意愿的形成,则因发送人的人格、学识、经验、能力及目的等因素而定。

(2)选择发送意愿的媒介

媒介的选择,对发送的效果影响很大,因而必须做慎重的选择。

(3) 将意愿转化为符号发送

当发送的媒介选定之后，即须根据媒介将意愿转化为一连串的符号，以便透过媒介来发送，例如将意愿转化为语言、文字或其他各种形式。

(4) 决定发送的途径与时间

意愿的发送效果与发送的途径及时间关系密切。同一意愿可以由发送者直接向接收者传递，也可以通过某个中间人为媒介向接收者传递。一般而言，直接发送的效果较间接发送的效果大，但在某些情况下，即当意愿者不宜向接收者直接发送时，则可采用间接发送方式。至于发送时间，更应做慎重的选择，如果接收者心情不佳，向其发送意愿则效果一定不会理想。

(5) 接收者注意并接收意愿

意愿的发送必须是针对某个人或某些人的，否则将失去发送意愿的作用。接收意愿之人，首先应对意愿引起注意，接着接收意愿。

(6) 接收者了解意愿

接收者收到所发送的信息后，对此意愿需做一番了解。

(7) 接收者采取配合行动

意见沟通的目的在于采取某种行动，在接收者未采取行动时，不能认为意见得到了沟通。而采取行动的后果又有积极与消极之分。经意见沟通之后，接收者可采取某种积极措施，支援发送者的行动，以扩大工作效果；也可采取消极的默许，不再反对发送者的某种行动。

4. 企业行政沟通的类型

企业行政沟通按不同的划分标志可以分成以下几种形式：

(1) 按沟通的组织系统划分

企业行政沟通按沟通的组织系统分为正式沟通与非正式沟通。

1) 正式沟通。正式沟通就是通过企业明文规定的渠道进行信息传递和交流的方式，是组织中的沟通主渠道，大量的沟通工作有赖于正式沟通渠道。例如，企业规定的汇报制度，定期或不定期的会议制度，上级的指示按组织系统逐级下达，或下级的情况逐级上报，等等。

2) 非正式沟通。非正式沟通是在正式沟通渠道之外进行的信息传递或交流。这种沟通不受组织监督，也没有层次结构上的限制，是由员工自行选择进行的，如员工之间的交谈，议论某人某事，传播小道消息、流言等。现代管理中很重视研究非正式沟通。因为人们的真实思想和动机往往是在非正式的沟通中表露出来的。这样的沟通，信息传递快而且也不受限制，它起着补充正式沟通的作用。

(2) 按沟通的方法划分

企业行政沟通按沟通的方法可分为口头沟通、书面沟通、非言语沟通及电子媒介沟通等。

所谓口头沟通是借助于口头语言进行的沟通。例如谈话、报告、讨论、讲课、电话。它的特点是亲切、反馈快、信息量大、双向、效果好，但事后难以准确查证。书面沟通是利用文字进行沟通。例如合同、协议、规定、通知、布告等。它的特点是正式、准确、具有权威性、可以备查。各种沟通方式的比较见表3-1。

表 3-1　各种沟通方式的比较

沟通方式	举例	优点	缺点
口头	交谈、讲座、讨论会、电话	快速传递、快速反馈、信息量很大等	传递中经过层次越多，信息失真越严重，核实越困难
书面	报告、备忘录、合同、文件、内部期刊、布告	正式、持久、准确、可以备查等	效率低、缺乏反馈
非言语	声、光信号（红绿灯、警铃、旗语、图形、服饰标志）、体态（手势、肢体动作、表情）、语调	信息意义十分明确。内涵丰富，含义隐晦	传送距离有限，界限模糊。只能意会，不能言传
电子媒介	传真、闭路电视、计算机网络、电子邮件	传递快速，信息容量大，远程传递一份信息可同时传递至多人，价格低廉	单向传递，电子邮件只可以交流，但看不到表情

（3）按沟通是否进行反馈划分

企业行政沟通按沟通是否进行反馈可分为单向沟通和双向沟通。所谓单向沟通是朝着一个方向的沟通。它的特点是速度快、秩序好、无反馈、无逆向沟通、实收率低，接收者容易埋怨，产生挫败感和抗拒心理。所谓双向沟通是指来回反馈式的沟通，如一个人把一个信息告诉另一个人，另一个人经过自己的思维又把自己的感觉告诉前一个人，如此往复，这就是双向沟通。双向沟通的特点是速度慢、气氛活跃、有反馈、实收率高，接收者能表达意见，人际关系较好，但传达者有心理压力。

严格来讲，单向沟通并不是真正的沟通，而只是一方把话告诉另一方，效果如何则暂且不问；双向沟通才是真正的沟通，但是不能因此而否定单向沟通。一般说来，例行公事、有章可循、无甚争论的情况可采用单向沟通；事情复杂、底数不大，可采用双向沟通。重视速度，维护表面威信可采用单向沟通；重视人际关系则可采用双向沟通。单向和双向沟通的比较见表 3-2。

表 3-2　单向和双向沟通的比较

比较因素	比较结果
时间	双向沟通比单向沟通需要更多的时间
信息和理解的准确程度	在双向沟通中，接收者理解信息和发送者意图的准确程度大大提高
接收者和发送者的相信程度	在双向沟通中，接收者和发送者都比较相信自己对信息的理解
满意倾向	接收者比较满意双向沟通，发送者比较满意单向沟通
噪声	由于与问题无关的信息较易进入沟通过程，双向沟通的噪声比单向沟通要大得多

（4）按沟通的流动方向划分

企业行政沟通按沟通的流动方向可分为上行沟通、下行沟通、平行沟通、斜向沟通。

上行沟通是指下级的意见、信息向上级反映。主管人员应鼓励下属积极向上反映意见和情况，只有上行沟通渠道通畅，才能掌握全面情况，做出符合实际的决策。下行沟通是企业中的上层领导按指挥系统自上而下的情报沟通。主管人员把企业目标、规章制度、工作程序等向下传达，这是保证企业工作进行的重要沟通形式。平行沟通是指企业中各平行部门或人员之间的信息交流，这包括一个部门的人员与其他部门的上级、下级或同级人员之间的直接沟通。斜向沟通是指组织中不同组织层次的不同部门之间的沟通，其目的是为了加快信息的传递，所以它主要用于相互之间的情况通报、协商和支持，带有明显的协商性和沟通性。

（5）按沟通主体的不同划分

企业行政沟通按沟通主体的不同可分为人际沟通、群体沟通、组织沟通和跨文化沟通。

人际沟通是指人与人之间的信息和情感相互传递的过程；群体沟通指沟通发生在具有特定关系的人群中；组织沟通指涉及组织特质的各种类型的沟通；跨文化沟通指发生在不同文化背景下人们之间的信息和情感的相互传递过程。

> **随堂测**
> - 你认为单向沟通是真正的沟通吗？　　　　　　　　　是　　　　不是
> - 你认为企业行政沟通是交流情感的过程吗？　　　　　是　　　　不是

任务3.3　掌握行政协调与沟通的艺术

任务导读

企业行政协调与沟通的形式多种多样，内容丰富多彩，在协调与沟通的过程中，应讲究一定的方法和技巧。通过本节任务的学习，你将掌握这些方法和技巧，并灵活运用于实际的行政协调与沟通中。

➥ **想一想**：你认为在企业行政协调与沟通艺术中，比较重要的注意事项有哪些？

_____

_____

1. 企业行政协调与沟通艺术的形式

行政协调与沟通艺术大致体现在以下七种形式中。

（1）辩证思维与战略头脑

在进行协调工作时，要用动态发展的眼光看待所要协调的事物，善于在事物的不断变化中把握事物，抓住要害，根据变化和发展了的情况决定协调的方法和技巧，随机应变，掌握主动；要能够多层次思维，深入分析，将纷繁复杂的现象分门别类，理顺关系，弄清本质，抓住关键环节，提出真知灼见；要善于在事物的相互联系中把握事物，在事物的对立统一中驾驭事物，力戒片面、孤立、偏执、绝对化的观察和分析问题的方法。

（2）相互尊重，取得沟通

协调者和被协调者只有相互尊重，才能有效地缩短彼此之间的心理距离，促进彼此沟通。协调时必须平等待人，把自己和对方的位置放平，营造一种轻松、愉快的气氛，这样，沟通交流才可以顺畅地进行，协调工作就容易取得成功。

（3）换位思考

由于双方所处的位置不同，看问题的角度不一样，有可能导致意见分歧，甚至发生冲突，此时，要积极理解对方，将自己置于对方的位置、对方的环境、对方的情感及观点去考虑和解释共同面临的问题，设身处地，换位思考，求大同、存小异，求得相互理解，达到协调的目的。

(4)以诚相见,以心换心

工作中的不协调往往是由于思想上、心理上的不协调。为了达到有效的心理沟通,找到不协调的关键点,要做到"三心",即热心、诚心、知心。

(5)沉着冷静,切忌急躁

协调工作的目的主要是解决矛盾,因此要做好克服困难、排除障碍的思想准备,要准备"容天下难容之事",在遇到难以合作的对象和棘手的问题时,协调者必须为自身和领导树立良好的形象,沉着、冷静,相信事实和真理,这是协调成功的一个重要因素。

(6)灵活善变,捕捉有利时机

在协调工作中,要把原则性和灵活性有机结合起来,充分发挥主观能动性,充分利用被授予的协调权力;要勇于负责,有高度的责任心;要灵活善变,善于捕捉有利时机,相机决策;要敢于创新,有敏锐的观察力和接受力,有准确的见解和判断力;要敢于担风险,有坚韧不拔的意志。

(7)适度的幽默感和良好的人际关系

协调工作针对的是矛盾、隔阂、分歧,甚至偏见和冲突,容易出现令人不愉快的气氛。在这种气氛下是难以顺利工作的,此时,适当的幽默,可能会使气氛变得轻松缓和下来,即使在正常的气氛中,充满哲理和机智幽默的话语也像一缕春风,会创造出和谐、愉快、温馨的氛围,便于畅谈交流。同时,在沟通协调过程中,协调者若有良好的人际关系,也容易得到帮助和支持。

2．企业行政协调与沟通艺术的内容

➥ 想一想:你认为聆听的要点有哪些?

_____

_____

_____

无论是企业人际协调与沟通、组织中的协调与沟通,还是组织之间的协调与沟通,有效的协调与沟通的实现取决于技能的开发与改进。协调与沟通的艺术包括个人和组织两个方面。

(1)个人方面

1)掌握沟通艺术的重要性。管理以人为中心,但它不是简单的我管理你的,或管理者管理被管理者的活动,而是相互作用的过程,在这个过程中,自始至终都伴随着相互沟通的活动。因此,掌握沟通艺术是十分重要的。

沟通是人与人之间的信息交流。由于世上没有两个完全相同的人,因此,某些情况下的有效沟通并不一定适用于另一情况下的沟通。沟通的艺术主要靠管理者自己去探索、去总结,但从大量的沟通实践中总结出来的一般规律和方法,通过学习掌握它,对做好沟通工作,尽快形成自己的沟通艺术是十分有效的。

2)语言的艺术。这是提高沟通效率的首要问题。语言是信息的载体,这里的语言指的是广义的语言,准确地使用语言是保证沟通效率的前提。

掌握语言表达艺术的前提是通过学习和训练,使自己运用语言的能力达到较高的水平,做到使用起来熟练自如、得心应手。一般规律是沟通中要与沟通对象、沟通环境、沟通内容结合起来考虑怎样使用语言。这就要求做到：

① 沟通中语言的运用要与沟通内容相一致。
② 沟通中语言的运用要与沟通对象相一致。
③ 注意语言文字净化，不用不规范、不正确的字。
④ 学会用体语表达。

体语指的是在面对面的直接沟通中，信息传递者的身体动作、姿态等传递出的信息。在什么样的场合使用什么样的体语，既受沟通内容、沟通对象的约束，同时也受风俗文化的约束。如果体语使用得当，有强化沟通效果的作用。研究表明，在面对面的沟通中，仅有7%的内容通过语言文字表达，另外93%的内容通过语调（38%）和面部表情（55%）来表达。由此可见，字词与非语言暗示共同构成了全部信息。遗憾的是，人们往往偏重于书面文字的沟通，而忽略了面对面的交往。在不多的面对面的交谈中，也低估了非语言暗示的作用。

3）聆听的艺术。信息接收者主要通过两条途径来接收信息：一是眼看，二是耳听。在双向沟通、当面沟通中，聆听（倾听）艺术不仅是影响信息接收效果的重要因素，也是影响发送效果的重要因素。因此掌握聆听艺术，一是要学会有效的聆听方式，二是要克服不良的聆听习惯。

① 有效的聆听方式及其要点。聆听方式从信息接收者的聆听态度来看，可分为三种：

a．漫不经心式；b．争论式，即信息接收者一边听，一边反馈信息，同信息发送者进行争论；c．全神贯注式。一般说来，第三种全神贯注式的沟通效果最好，第一种漫不经心式沟通效果最差，第二种争论式，其沟通效果取决于参与沟通双方的身份、地位和沟通内容。一些有效的聆听要点见表3-3。

表3-3 有效的聆听要点

要	不 要
表现出兴趣	争辩
全神贯注	打断
该沉默时必须沉默	从事与谈话无关的活动
选择安静的地方	过快地或提前做出判断
留出适当的时间用于辩论	草率地给出结论
注意非语言暗示	让别人的情绪直接影响你
当你没听清楚时，要以疑问的方式重复一遍	
当你发现遗漏时，直截了当地问	

② 克服不良聆听习惯。不良的聆听习惯既会影响接收者对重要信息的注意，有的还会影响发送者发送信息，在沟通中要加以防止和克服。不良聆听习惯主要有如下表现：

a．对谈话的主题无兴趣，不能安下心来听对方讲话，表现出漫不经心的态度。
b．被对方谈话的姿势所吸引，忽略了谈话的内容。
c．听到不合自己心意的内容便激动，影响了对其余信息的接受和理解。
d．只重视事实而忽视了原则和推论。
e．过分重视条理，对条理较差的谈话内容不愿多加思索。
f．假装注意，实际上心不在焉。

g. 注意力不集中，分心于他事。
h. 对较难懂的内容不提问，不反馈，不求甚解。
i. 被对方的感情语言所分心，抓不住实质性的内容。
j. 不爱动笔，内容太多时，听了后面而忘了前面的内容。

克服不良聆听习惯，需要从时时处处做起，养成一个良好的聆听习惯，有助于提高沟通效果。

4）面谈的艺术。在沟通过程中，经常要采取面谈的方式，掌握好面谈艺术对沟通效果、协调效果有很大的影响。掌握好面谈艺术应做好以下五点：

① 选择好谈话地点。不同的谈话地点在沟通中所起的作用是不一样的。
② 创造一个合适的交谈气氛，允许下级发表意见。交谈气氛对沟通效果的影响十分显著。如过于紧张，沟通就比较困难。
③ 准备要充分。面谈中随时可能出现许多意想不到的情况和信息，因此在交谈前一定要做好充分的准备。
④ 时间安排应尽可能充足。面谈的时间安排不宜过于紧迫、短促，应根据内容留有一点余地。
⑤ 讲话应有礼貌，控制情绪。管理者与下属面谈时，不可避免地会碰到下属的顶撞、争论，甚至对抗现象。在这种情况下，管理者应胸怀坦荡，控制自己的情绪，讲话有礼貌、有节制，这样不仅有助于将沟通进行下去，还有助于维护自己的权威。

5）良好沟通十戒。美国管理协会针对如何提高沟通效果，在实践中总结出了"良好沟通十戒"，这对我们的沟通也有一定的参考价值，如下所列：

① 沟通前先将良好沟通十戒概念澄清。
② 检讨沟通的真正目的。
③ 考虑好沟通时的一切环境。
④ 计划沟通内容时，应尽可能听取他人意见。
⑤ 沟通时应注意语调。
⑥ 对信息接收者有帮助或有价值的事情，应把握时机，适时表达。
⑦ 应有必要的反馈。
⑧ 沟通时不仅要着眼于当前，更要着眼于未来。
⑨ 言行一致。
⑩ 应成为一位"好听众"。

积极反馈和注意反馈是提高沟通效果的重要方面。我们在沟通活动中要注意反馈。信息接收者的反馈有一些是通过语言表达的，而另一些反馈则会以非语言的方式表现出来，对这些非语言的反馈信息，也应给予高度的注意。

（2）组织方面

在组织方面应做好组织沟通的检查。组织沟通检查是指检查沟通政策、沟通网络以及沟通活动的一种活动。这一方法把组织沟通看成是实现组织目标的一种手段，而不是为沟通而沟通。需要加以检查的四大沟通网络如下：

1）属于政策、程序、规则和上下级关系的管理网络或同任务有关的网络。

2）解决问题、提出建议等方面的创新活动网络。
3）包括表扬、奖励、提升以及联系企业目标和个人所需事项在内的整合型网络。
4）包括企业出版物、布告栏和小道消息在内的新闻性和指导性网络。

应该对上述四个网络定期进行检查，以保证各网络的畅通无阻。总之，唯有把彼此的关系建立在信心、信任与尊重的基础上，双方才能获得有效的沟通。良好的企业行政沟通并非单纯的"授"与"受"，它是在相互融洽、相互了解的过程中发现共同的想法和共同的理想，这样就能使行政管理的协调工作在充满友谊的祥和气氛中进行。

随堂测
- 当别人在跟你说话时，你认为需要看着对方的眼睛吗？　　需要　　不需要
- 你认为沟通的语调对沟通的效果有影响吗？　　　　　　　有　　　没有

课堂实操

实操1：以小组为单位，每组5~7人，讨论企业行政协调要注意什么。

实操2：以小组为单位，每组5~7人，讨论企业行政沟通的艺术有哪些。

课堂评价

以小组为单位，由教师对学生课堂实操完成情况进行评价，并将评分填入表3-4中。

表3-4　课堂评价

评 价 项 目	是否完成（满分40分）	完成质量（满分60分）	考评成绩（满分100分）
实操1			
实操2			

项目 4　企业人力资源管理

名人名言

管理就是界定企业的使命，并激励和组织人力资源去实现这个使命。界定使命是企业家的任务，而激励与组织人力资源是领导力的范畴，二者的结合就是管理。

——彼得·德鲁克

能力目标

掌握企业人力资源管理基本内容。
掌握人力资源管理职业活动过程。
掌握并运用人力资源管理专业技能。

素养目标

具备对人力资源管理活动的基本认识。
具备必要的人力资源管理能力、方法和知识。
具备在实际生活中运用人力资源管理技能的能力。

任务描述

亲爱的同学，随着知识经济的来临，人力资源管理已经成为 21 世纪具有较好前景、受人尊重的金领职业。作为初学者，如果你希望能够了解这一工作，或立志从事人力资源管理工作，并希望从中收获成功的喜悦，请尝试完成本项目。相信通过本项目的学习，会让你对企业人力资源管理有新的认识。企业人力资源管理可以分解为以下任务，如图 4-1 所示。

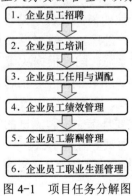

图 4-1　项目任务分解图

任务 4.1　企业员工招聘

任务导读

员工招聘工作的核心是：在确定了企业（组织）的工作内容、任务、员工任职条件和人力资源需求之后，人力资源管理部门就应该开始招聘工作，以最适合和最经济的方法选出最合适的人才，为企业正常持续运作提供坚实的人力支持。

> **管理个案**
>
> 唐太宗曾对吏部尚书杜如晦说，近来吏部选择官员，只看中其言辞文章，而不去了解高尚的德行。几年之后，这些人的劣迹渐渐败露，虽然对他们进行了处罚，但是对老百姓已经造成了伤害。他问杜如晦如何才能够选拔出优秀的官员。杜如晦说，西汉和东汉选择的官员，他们的美德闻名乡里，成为众人的楷模，然后他们被州郡推荐，最后才被任用，所以两汉以选拔人才出众而著称。现在每年所选的人才，多达数千人，这些人外表谨慎忠厚、言语巧加掩饰，不可能很全面地了解他们。吏部只能做到授予他们品级和职位而已。选补官员的规章制度，实在不够完善，所以不能选拔出真正的人才。唐太宗于是打算依照两汉时的法令，改由各州郡推荐人才，但因为功臣等人将实行世袭封官授爵制，这件事就不了了之了。
>
> 请你回答：
> 现代企业选拔录用人才的方式有哪些利弊？

1. 员工招聘的基本程序

招聘是企业吸收与获取人才的重要渠道。它包括两个相对独立的过程，即招募和选拔聘用。招募主要是通过宣传来扩大影响，树立企业形象，达到吸引人应征的目的；而选拔则是使用各种技术测评和选拔方式挑选合格员工的过程。一般来说，招聘的基本程序主要有招聘决策、发布信息、招聘测试、选聘录用。

1）招聘决策。招聘决策就是企业的最高管理层结合企业人力资源规划，确定关于各工作岗位招聘人员的数量、质量的决策过程。一般来说，企业招聘人员应贯彻少而精、宁缺毋滥的原则和公开、公平、公正的原则，同时根据决策方案制订招聘计划。

2）发布信息。发布招聘信息事关招聘的质量，招聘信息的发布应坚持面广、及时的原则。根据不同情况可采用报刊、电视、电台、广告张贴等形式发布招聘信息。

3）招聘测试。它是招聘中的重要环节。招聘测试的手段很多，目前我国企业主要采用心理测试、知识考试、情景模拟、面试等几种形式。

4）选聘录用。选聘录用就是对照招聘决策，参考测试结果，查阅档案资料，确定初步人选，进行体格检查，确定最终录用人员。

员工招聘的程序如图 4-2 所示。

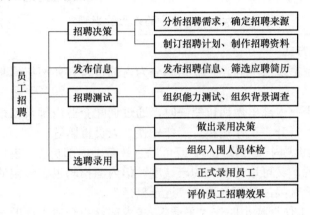

图 4-2 员工招聘程序

2．员工招聘的原则

员工的选择是员工任免与升迁的基础。在员工的选择过程中，特别是大规模的员工招聘活动中，应注意把握以下原则：

（1）平等原则

对待所有应聘者，应当一视同仁，不得人为地制造各种不平等的限制（如地域、性别歧视），努力为所有有志之士提供平等竞争的机会，不拘一格地选拔录用各方面的优秀人才。

（2）全面原则

录用前的考试和考核应该兼顾各个方面，对知识、能力、思想、道德进行全面考察。这是因为员工及各类管理人员的素质，不仅取决于文化程度的高低，还取决于智力、能力、人格、思想上的差异，而且往往非智力素质对日后的作为起着决定作用。

（3）公开原则

应把招聘岗位、数量、时间、资格条件、考试办法公开。这样做，一是便于监督，二是有利于给予所有应聘者以公平竞争的机会，达到广招贤才的目的。

（4）考核竞争原则

通过考试竞争和考核鉴别，以成绩鉴别优劣。行政总监在选择员工时，应进行科学、规范、统一、严格的考试，根据成绩并参考其他因素客观地进行选择。竞争还有另一层含义，即动员和吸引招考的人越多，竞争越激烈，越容易选择到优秀人才。

（5）择优原则

这是员工选择的核心。择优才能广揽人才，选贤任能，为各个岗位选择一流的工作人员。因此，在员工选择录用过程中，应深入了解、全面考核、认真比较、谨慎筛选，只有这样，才能真正做到"择优"录用。

（6）量才原则

招聘录用时，必须考虑有关人员的专长，量才录用，做到"人尽其才""用其所长""职得其所"。这样才能保证选择的人员与其任职的岗位相适应。

（7）效率原则

力争用尽可能少的费用，在尽可能短的时间内，录取到高素质、适应组织需要的人员；或者以尽可能低的成本录用到同样素质的人员。

- 如果你是一个应聘者，你同意招聘方的以上原则吗？　　　　同意　　不同意

3. 员工招聘的方式

根据求职者来源渠道的不同，企业招聘分为内部招聘和外部招聘两种。

（1）内部招聘

内部招聘是指企业内部出现岗位空缺时，通过调配企业内部员工来解决招聘问题。内部招聘的渠道包括：晋升、工作调换、工作轮换、人员重聘等。

1）晋升是通过组织内部招募人员。既可以有效激励内部员工，也可以减少员工对新工作所需的指导和训练，又可培养员工的忠诚度。但内部招聘也有一定的不利之处。人员来源局限于内部，水平有限，且容易造成"近亲繁殖"。

2）工作调换。工作调换也叫作"平调"，是内部寻找合适人选的一种基本方法。它能为雇员提供一个全面了解组织的机会，这对今后的晋升是至关重要的。

3）工作轮换。与调换相似但又不完全相同，调换一般是单独的、临时的，而轮换往往是两人以上、有计划进行的。工作轮换不仅可以使接受培训的管理人员适应组织各种不同的环境，还可以帮助那些处在高度紧张职位上的员工减轻工作压力。

4）人员重聘。有些企业由于某些原因有一批不在位的员工，如下岗人员、长期休假人员，在其他地方工作但关系还在本企业的人员等。他们当中有的恰好是内部空缺岗位需要的人员，有的素质较好。重聘这些人员会使他们有再为企业尽力的机会，另外也可以减少培训等方面的费用。

（2）外部招聘

对于企业而言，常见的外部招聘渠道包括：网络招聘、媒体招聘、现场招聘、外部推荐招聘、猎头招聘、校企合作等渠道。外部招聘方式也有自己的优劣势。

1）人才交流中心和人才招聘会。它们一般建有人才资料库，在选择人员时针对性强，企业的选择余地较大，资金成本也比较合理，同时也可以起到很好的宣传作用。

2）媒体广告。通过杂志、报纸、广播、电视等媒体向公众发布招聘信息。相比而言，投入资金成本较大，但容易醒目地体现企业组织形象。

3）网络招聘。网络招聘是一种新兴的招聘方式，它具有资金成本低、覆盖面广、时间周期长、联系快捷等优点。但它也存在一定的缺点，比如筛选手续繁杂，对高级人才的招聘较为困难等。

4）校园招聘。学校是人才高度集中的地方，是企业获取人力资源的重要源泉，大学生思想活跃，可以给企业增添新的管理理念和技术创新理念。但他们缺乏一定的实际工作经验，且存在到岗率低、离职率高等问题。

内、外部招聘的优缺点对比见表4-1。

表4-1　内、外部招聘的优缺点对比

招聘类型	优　　点	缺　　点
内部招聘	1）员工熟悉本企业情况，容易进入角色 2）招聘和培训的成本低 3）可以激发员工的内在积极性	1）缺少思想碰撞，影响企业活力和竞争力 2）"近亲繁殖"影响企业的发展 3）容易形成内部的"小团体"
外部招聘	1）可以为企业注入新鲜的血液 2）为企业带来新思想、新观念	1）相对内部招聘，成本较高 2）新员工不能迅速适应环境，需要一段时间的磨合期

↳ **想一想**：假如你是人力资源部的一名工作人员，在企业需要人力资源的时候，你会挑选合适的员工？

_____

_____

_____

任务 4.2 企业员工培训

任务导读

员工培训在整个人力资源管理活动中就表现为为企业"锻造"高质量的人才。这项任务的核心是：在确定了企业员工培训需求的基础上，根据培训内容、任务、员工情况制订出科学的培训方案后，人力资源管理部门就应该开始组织培训工作。培训工作进行中，要做好过程管理和培训工作总结，以保证员工培训的质量和后续培训的进一步完善。

管理个案

> 森林里要举行运动会，比赛的项目有赛跑、飞行、爬树和游泳。动物们纷纷报名参加，狐狸也来了，它自称无所不能，要求参加所有的项目。最先进行的比赛是赛跑，兔子一下子蹿了出去，到了终点，高兴地吃了两个胡萝卜之后，狐狸才跌跌撞撞地跑过来。接下来是飞行比赛，燕子、鸽子一转眼就飞得没影了，狐狸扑腾了几米远就摔了个嘴啃泥。再接下来是爬树比赛，狐狸刚爬到树腰就摔了下来。最后是比赛游泳，狐狸刚游了一小段就差点被淹死。狐狸虽然自称无所不能，可一到关键的时候却没有一样是精通的。
>
> **请你回答：**
> 企业培训的成功与否主要取决于哪些方面？

1．培训需求分析

培训的成功与否在很大程度上取决于需求分析的准确性和有效性，培训需求分析可以分为三个层面：个人层面、职务层面和组织（企业）层面。

1）个人层面分析。在企业整体员工素质结构分析基础上进行的培训对象个体素质分析，对培训效果起决定性的作用。个人层面分析主要从两个维度进行：一是员工所具备的知识和技能分析；二是员工个人的态度和职业素养。

不同的培训对象，其所具备的知识、技能、工作态度和职业素养也不一样。因此，在进行员工培训时，应依据培训对象的特征，采用不同的培训方案，有针对性、有计划地实施培训。

培训对象的特征及培训实施说明见表 4-2。

表 4-2 培训对象的特征及培训实施说明

序号	特征	培训实施说明
1	德才兼备,各方面都过硬,已是或将是企业的核心员工或业务骨干	这类员工是企业重点培养的对象和培训工作的重点。人力资源部门的任务就是督促这些员工规划自己的职业发展,安排一些提升培训,不断引导,使其从操作层向管理层发展
2	知识和技能过硬,但工作态度不好,职业素质不高	首先要解决的是其工作态度和职业素养的问题,可以安排其参加企业文化培训、团队协作精神训练、职业素养提升培训等,并加大绩效考核的力度
3	知识和技能不符合岗位要求,工作态度不好	可以与其进行个别谈话,了解其想法;向其直属领导了解实情,要求这类员工在有限时间内适应岗位的要求,否则予以转岗或辞退。同时还可以安排接受各项培训。当然,这样会花费很大的人力、物力和财力
4	"次品"式员工,知识和技能不符合岗位要求,但工作态度好	人力资源部需安排这些员工参加专业知识培训和技术操作技能训练,使其尽快达到岗位的硬件要求,以更好地为企业服务

2)职务层面分析。职务层面分析是对员工现任职务的任职要求和业绩指标进行评价,由此导出对现任员工所应掌握的知识和所拥有技能的要求,同员工的实际知识和能力进行比较,进而产生培训需求。

培训主要解决的是岗位任职人员的技能和能力问题,了解员工目前工作中存在的最需要通过培训来解决的问题,有针对性地对员工所欠缺的工作技能、知识进行培训,可以提高培训的效果,从而达到提高员工工作绩效的目的。

3)组织(企业)层面分析。通过对组织的目标、资源、环境等因素分析,准确找出组织存在的问题,并确定借助培训解决这些问题的可行性和有效性。

培训如果违背组织目标的发展需求,置组织实际情况于不顾,就会导致虽投入了大量的时间和金钱,而员工无法掌握适应组织发展的知识和技能的情况。组织层面常见的培训需求主要有:企业文化、规章制度培训,上岗培训,岗位培训,职业培训,专业能力培训,管理技能培训,以及其他能力提升培训。

不同人员的培训需求分析如图 4-3 所示。

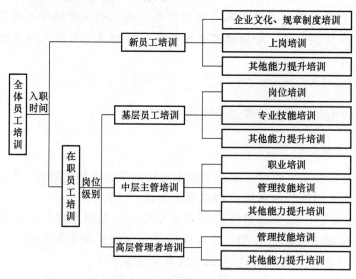

图 4-3 不同人员的培训需求分析图

> **随堂测**
> - 你认为一线的熟练员工需要培训吗?　　　　　　　　　　　需要　　不需要
> - 有人认为,企业领导的管理水平比较高,因此不需要培训。这种观点正确吗?
> 　　　　　　　　　　　　　　　　　　　　　　　　　　　正确　　不正确

2. 培训项目管理

在进行培训需求分析后,人力资源管理人员就可以根据培训的需求和目标制订计划并组织实施,最后进行培训评估评价,以检验培训效果,达到培训项目管理的目的。

1) 培训计划的制订。制订培训计划的主要工作包括:确定培训内容、选择培训对象、选择培训方式、确定培训层次、培训费用预算等,具体还包括确定培训地点、培训项目的负责人、培训学制、课程设置方案、课程大纲、教科书与参考教材、培训教师、教学方法、考核方法、辅助器材设施等。

2) 培训组织。培训计划制订完成后,员工培训工作即将开始,即进入培训计划的实施阶段。这一阶段,事务性的工作由人力资源管理部门培训专员负责。工作中务必做到切实保证严格执行计划,严格检查各个环节,出现问题及时处理。重视培训信息的反馈,为培训工作的改进提供依据。同时还应该根据环境、需求等实际情况的变化,及时调整和修正原计划,以保证培训任务的完成和培训目标的实现。

企业培训的效果在很大程度上取决于培训方法的选择。当前,企业培训的方法有很多种,不同的培训方法具有不同的特点,各有优劣。要选择合适有效的培训方法,需要考虑到培训目的、内容、对象的自身特点及企业具备的培训资源等因素。企业培训从方法类别上大致可分为:面授培训、在岗实践培训、体验式培训和基于移动互联网平台的培训。

3) 培训评估。培训工作效果评估是指培训结束后,了解企业和培训对象从培训中获得的收益,用以评估培训是否有效的过程。

通过评估,企业培训部门可以总结经验与教训,使以后培训工作能够更加完善和更富有针对性,从而改进培训工作,提高培训实效。根据需要,这项工作可以在培训工作进行中实施,也可以在培训结束时实施。员工培训效果评估一般包括5个方面的工作:确定培训工作评估的内容、制定培训评估标准、选择培训效果评估方法、评价培训组织过程、评价培训成果。

员工培训的基本流程如图4-4所示。

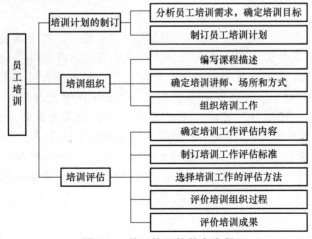

图4-4　员工培训的基本流程

➧ 想一想：企业为什么要对员工进行培训？

管理个案

有一位表演大师上场表演前，他的弟子告诉他鞋带松了。大师点头致谢，蹲下来仔细系好。等到弟子转身后，他又蹲下来将鞋带解松。有旁观者看到了这一幕问道："大师，您这是何意呢？"大师回答："因为我饰演的是一位劳累的旅者，让鞋带松开，可以通过这个细节表现长途跋涉的劳累憔悴。""那您为什么不直接告诉你的弟子呢？""要教导学生如何演戏，机会还有很多，此刻我需要保护他这种热情的积极性。"

请你回答：
从这个故事中我们可以发现，这位大师对弟子的教导并没有采取教训式的方法，而是在保持学生热情的基础上，给予了及时的反馈。那么，对于企业员工培训，从这则故事中我们能获得怎样的启示呢？

任务 4.3 企业员工任用与调配

任务导读

在企业经营活动中，人力资源管理部门会根据人尽其才、人事相符的原则，及时将经培训合格的新员工分配到工作岗位上去；也会根据企业工作需要和员工的成长情况，改变一些老员工的工作岗位职务、工作隶属关系，使其能够发挥出更大的聪明才智。企业必须动态地做好员工使用、调配、流动管理工作，用好了人，才能使企业最大限度地消费人力资源。

管理个案

楚将子发爱结交有一技之长的人，并把他们招至麾下。有个其貌不扬、号称"神偷"的人，也被子发待为上宾。有一次，齐国进犯楚国，子发率军迎敌。交战三次，楚军三次败北。子发旗下不乏智谋之士、勇悍之将，但在强大的齐军面前，就是无计可施。这时"神偷"请战，在夜幕的掩护下，他将齐军主帅的睡帐偷了回来。第二天，子发派使者将睡帐送还给齐军主帅，并对他说："我们出去打柴的士兵捡到您的帷帐，特地赶来奉还。"当天晚上，"神偷"又去将齐军主帅的枕头偷来，再由子发派人送还。第三天晚上，"神偷"连齐军主帅头上的发簪都偷来了，子发照样派人送还。齐军上下听说此事，甚为恐惧。齐军主帅惊骇地对幕僚们说："如果再不撤退，恐怕子发要派人来取我的人头了。"于是，齐军不战而退。

请你回答：
成功的人力资源管理的核心要素体现在哪些方面？

1. 员工任用方式

企业中较为普遍采用的员工任用方式有聘任制、考任制、委任制和选任制等。

（1）聘任制

聘任制是企业运用招聘的形式确定任用对象，并与之订立劳动合同的员工使用方式。聘用制在合同期内比较稳定，便于管理，但其程序比较复杂。

（2）考任制

考任制是企业通过公开考试来评价员工的知识与才能，并依据考试成绩的优劣录取和任用各种人员。考任制的优点是：

1）具有明确统一的评价标准，体现公平原则，可以克服员工使用过程中的主观随意性。

2）公开竞争、机会均等，体现成绩面前人人平等的公平性，可以在大的范围内选拔人才，克服委任制选拔人才视野狭窄的缺陷。

3）适用范围广，并可以促进员工努力学习业务知识，提高企业人力资源的潜能。

（3）委任制

委任制是具有任免权的上级主管直接指定其下属员工的岗位，任命员工担任相应的职务。委任制的优点是程序简单、权力集中、指挥统一、效率高、节约时间。实行委任制的主管人员应当深入了解被委任者及其所委任的职务，否则可能会用人失当。委任制的缺点也很明显：主管人员可能会因为个人的好恶而任用员工。此外，主管人员的视野与精力有限，往往不能全面了解下属情况，对被委任人的判断可能会出现失误，这时，启用的人往往不是下属中最优秀分子，这既降低了工作效率，又可能引起员工不满，影响员工士气。

（4）选任制

选任制是由企业员工通过选举的方式来确定由谁担任何种职务的制度。选任制的优点是能够较好地反映大多数人的意愿，可以增强员工的参与意识，调动员工积极性，培养员工的主人翁意识。被选举的员工也会增强对全体员工负责的使命感。但选任制也有一些不足之处：

1）这种制度不适宜在大的范围内选拔干部。因为企业规模太大，则员工彼此间不熟悉，对被选举人的了解比较困难，选举的盲目性较大。

2）如果选举制度不完善，不仅不能得到员工的支持，相反还会遭到抵制或消极参与，使选举流于形式。

3）一些富于开拓精神、敢于发言的员工往往由于过于出风头或侵犯他人利益而不能得到多数人的拥护，而另一部分善于交际、不得罪人的老好人往往会赢得选举。

2. 员工使用原则

员工使用的目的在于将企业的人力资源合理地安置在相应职位上，实现人与事的科学结合。为此，在使用员工的过程中，应遵循以下基本原则：

（1）责权利一致

权力与责任之间必须达到一种平衡的关系，即赋予权力的同时，也要受到相应责任的约束，权力越大，其责任也应相应地增加。同样，任何权责的实现都离不开利益的驱动。没有利益的驱动，很难激起员工完成职责的积极性，当遇到困难时，容易出现动力不足、裹足不前的情况。一般而言，权责越大，相应给予的利益报偿就越丰厚。只有权力没有责任，只会导致对权力的滥用；光有责任而不赋予相应的权力，工作也不能得到很好的开展。

（2）人事相符

人事相符是指员工与工作相适应，即按照工作的需要挑选最合适的员工，达到工作岗位和员工能力之间的最佳组合。要达到人事相符原则，首先应做到"知事""识人"。"知事"是指企业人力资源管理部门在安排员工之前，必须详细了解不同岗位、不同职务的工作内容，在企业中的作用、地位以及岗位对员工素质技能的要求。在"知事"的同时，还要"识人"，就是要对企业待安置员工有较为深入的了解，知道员工知识程度、教育水平，掌握员工的性格特征、气质类型、兴趣所在、能力如何、身体健康状况，甚至家庭背景关系等。"因事择人"，即从职位的要求和实际工作的需要出发，以职务对人员的要求为标准，选拔录用各类人员。同时，人事相符原则还要企业建立相应的人员调整机制，能够把那些工作不称职或已不能适应工作需要的人从原有工作岗位调整下来，腾出位子，以便让那些符合工作要求的人能够走上适合发挥他们才能的岗位，在动态过程中不断实现人与事的最佳组合。

（3）兴趣引导

兴趣是个性心理倾向，与人的工作效率、事业成功有密切关系。从事一种自己喜欢的工作，工作本身就能给人带来一种满足感，从而增加工作的乐趣，提高工作效率；相反，从事一种令人讨厌的工作，则工作成了人的负担，员工从心里抵触、逃避工作，或马马虎虎、敷衍了事，给企业造成损失。企业用人应当针对员工的兴趣与需要，尽量将员工安置在他所感兴趣的工作岗位上。

兴趣爱好是因人而异的，不同的人其兴趣爱好也不一样。所以，管理者应依据员工的特点，适当安排。不可避免地，企业中可能会有些比较枯燥的工作，这些工作很少有人感兴趣，如果光凭兴趣爱好可能根本就没人愿意去做，但对于企业来说，做好这些工作又很重要。这时，就需要人力资源管理部门进行协调。对于某些大家不感兴趣的苦活、脏活、累活，给予较为优厚的待遇，或提供相应的补偿，以使从事这些工作的员工能够安心于本职工作，保证企业整个生产经营活动能正常、顺畅地进行。

（4）德才兼备，任人唯贤

如果一个人的品德与职务不相称，或其能力与职务不适应，都会带来严重后果。德才兼备要求在选用员工时不但要强调其业务能力、知识水平，更要注重他的思想品德、道德素质。两者必须结合起来，不可偏废。德有利于才的发挥，才有利于德的体现，离开一方，片面追求另一方都是错误的。

德才兼备、任人唯贤的原则也阐明了选用人的基本准则，即唯贤是举。这就要求有关领导和部门在人员选择和任用时应坚持以事业为重、勇于突破人情关、关系网，平等公正地对待每一位员工，以德才统一的标准，选拔出真正的优秀者。

（5）用人所长

企业对员工使用时，应当注意根据每个人的能力大小和能力作用方向的不同，把他们安置到最能发挥其特长的岗位上，使其优势得到充分利用，从而提高工作效率。人力资源管理部门在工作需要的范围和程度内，引导员工朝着组织希望的方向转变，同时，也必须采取相应的措施，尽可能减少其缺点对工作所造成的消极影响。

（6）优化组合

在企业内部，由于目标的多样性与层次性，员工们还会进一步组合成若干分支群体，分别去完成企业的不同任务，实现企业不同层次的目标，形成协作关系。一个组合适当的群体能够释放出比企业单个员工能量的简单相加更大的能量，而员工组合不当的群体工作绩效还比不上个人成绩的简单相加。经常可以看到的一个现象是：某一组织在进行人员调整和精简之后，工作的数量和质量有明显的提高。这便是人员优化组合产生的效果。

优化组合需要考虑员工在构成群体时彼此的性格、年龄、能力等要素是否匹配，结构是否合理，是否有利于组织目标的实现。优化组合通过以下两个方面来影响组织效率：

1）借助优化组合形成良好的人际关系，从而促进组织内的团结、协作，提高协同能力，改善工作效率。

2）通过优化组合使组织内员工的能力互相补充，形成科学的人才结构，相互配合，各展所长，完成组织的各项不同任务，实现组织目标。

> **管理个案**
>
> 日本索尼公司的管理者认为，一个人如果总待在一个地方，就会因成功或过于自信而失去创造力。而不安于现状、不墨守成规，敢于在各岗位之间流动的人，最具创新精神，能激发竞争力。索尼公司推行一种独特的用人制度，即允许并鼓励科技人员根据自己兴趣和特长，去申请各种研究课题和开发项目，也允许他们在各部门、科研组之间自由流动，各部门领导不得加以阻拦，从而增强了科技队伍的活力。
>
> 请你回答：
>
> 结合索尼公司的人力资源战略，想一想从人力资源的角度还有哪些管理方法能够有效调动员工的积极性，充分发挥员工的创造力？

任务4.4　企业员工绩效管理

任务导读

在企业经营活动中，人力资源管理部门将经职业资格认定的员工分配到工作岗位上去后，为了确保员工的工作活动以及工作产出能够与企业目标相一致，人力资源管理部门需要对员工在工作过程中表现出来的工作业绩、工作能力、工作态度及个人品德等进行随时沟通和定期评价，以此来判断员工表现与岗位的要求是否相符，起到激励员工的作用。

> **管理个案**
>
> 在《水浒传》中,有段著名的"梁山泊英雄排座次"的故事。宋江在指挥了几场胜仗之后,认为时机已经成熟,有必要总结一下工作,按照自己的招安思路进行组织建设。可是,如何根据好汉们的绩效贡献来排座次呢?虽然前几位的次序大致可以确定,但后面的排序如果没有理清楚,恐怕就会惹来诸多纷争。如果操作失措,就会造成组织的动荡。这个典型的绩效评价问题,想必让宋江非常困扰。于是,才有了书中"忠义堂石碣受天文,梁山泊英雄排座次"的一幕。有了这"天书"撑腰,宋江才为这次绩效排序定调子,"众头领各守其位,休再争执,不可逆了天言!"各路英雄也连忙表态,"天地之意,物理数定,谁干违拗?"但我们更相信,宋江是这场戏的幕后策划者,他一定是认识到绩效评价是如此之难,所以才巧妙地回避了它。既然说不清楚,就让老天爷去定吧,大家也就不好再说什么,这个棘手的问题也就算是解决了。
>
> **请你回答:**
> 绩效管理有哪些重要意义?

1. 绩效的考核要素

绩效是指员工特定时间内的可描述的工作行为和可衡量的工作结果,包括完成工作的数量、质量以及经济效益和社会效益。对员工绩效的考核,不仅要考核他的工作数量、工作质量,更要考核他所做的工作使用户满意的程度及给企业创造的经济效益和社会效益。绩效的考核要素如图 4-5 所示。

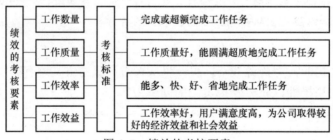

图 4-5 绩效的考核要素

例如,某公司不同层次员工的绩效考核内容及其评分表见表 4-3、表 4-4。

表 4-3 员工绩效考核内容及评分表(适用于一般员工)

考核要素	评分标准				自评分	考评分
	差(1~3 分)	一般(4~6 分)	良(7~8 分)	优(9~10 分)		
1. 专业知识和技能	专业知识欠缺	有一定的专业知识	比较全面地了解、掌握本专业知识	熟练掌握本专业知识和技能		
2. 工作质量	工作粗心,常出错	工作不够细心,偶有差错	基本能完成工作任务,工作尚可	工作效率高,能高水准地完成工作任务		
3. 工作量(工作任务多少)	上班经常无所事事	有一定的工作量,偶尔会闲逛	工作量较大,绝大部分时间都在认真工作	工作任务重,经常主动做自己分外的工作		

（续）

考核要素	评分标准				自评分	考评分
	差（1~3分）	一般（4~6分）	良（7~8分）	优（9~10分）		
4. 团结合作	与他人合作困难，同事间关系紧张	与他人合作不够融洽，常表现得情绪化	能与他人沟通，团结合作精神较好	谦逊、随和、易与他人相处、团结合作精神好		
5. 敬业精神	对本职工作认识较差	对本职工作认识一般	比较热爱本职工作，有一定的奉献精神	敬业爱岗，乐于奉献，工作热情高		
6. 学习进取	懒于学习，不求上进	安于现状，学习被动，缺乏进取精神	能努力学习，要求上进	勤于动脑，虚心学习，有强烈的进取精神		
7. 沟通技巧	书面及口头表达能力差	表达能力一般，尚未掌握沟通技巧	有较好的表达能力，掌握一定的沟通技巧	有良好的表达能力和良好的沟通能力		
8. 仪容仪表	仪容仪表差，不修边幅，精神萎靡不振	仪容仪表一般，精神状况一般	较好的仪容仪表，精神面貌好	着装整洁，仪态大方，精神面貌好		
9. 服务态度及礼貌	对人不尊重，服务态度差	服务态度一般对人不够尊重	有较好的服务态度，能尊重他人	服务态度好，对人和蔼、热情、大方，服务水平高		
10. 出勤纪律	纪律性差，未能遵守公司规章制度	纪律性一般，基本能遵守公司的规章制度	纪律性较好，能遵守公司的规章制度	纪律性强，模范遵守公司的规章制度		
	迟到、早退累计 2.5~3.5 小时	迟到、早退累计 1.5~2.5 小时	迟到、早退累计 30 分钟~1.5 小时	迟到、早退累计不超过 30 分钟		
	凡病假、事假一天扣 1 分，至取消考勤分止					

表4-4 员工绩效考核内容及评分表（适用于高级员工）

考核要素	评分标准				自评分	考评分
	差（1~3分）	一般（4~6分）	良（7~8分）	优（9~10分）		
1. 服务意识	服务意识差，言谈举止不规范，缺乏礼貌修养	服务意识一般，不太注意行为举止	有较强的服务意识，有一定的礼貌修养，行为较规范	有很强的服务意识，文明礼貌，行为规范		
2. 责任心和工作态度	对工作不负责任，工作态度差	被动应付工作，责任心一般，工作态度一般	工作责任心较强，工作比较认真负责	工作责任心非常强，将饱满的热情投入到工作中，积极主动，勤勤恳恳，任劳任怨		
3. 业务知识	不懂业务，知识太少，不肯学习，不思进取	对专业知识了解不深，被动应付学习	对专业知识较熟悉，有一定的学习能力，经过努力能掌握新技术	精通业务，知识面广，勤奋好学，能快速获取新知识，掌握新技术		
4. 表达能力	语言表达能力不强，无法完成与自己工作有关的文字材料	语言表达能力一般，在别人帮助下能完成与自己工作有关的材料，如工作计划、工作总结等	有较强的语言文字表达能力，能较好地写出与自己工作有关的材料，如工作计划、工作总结等	表达能力很强，语言简练得体，富有感染力，易于被他人接受，文章结构严谨，条理清晰，逻辑性强		
5. 组织管理能力	组织管理能力差，下属员工不服其管理，部门工作经常出现问题	管理能力一般，工作缺乏计划，本部门员工积极性得不到有效调动，工作有时出问题	有一定的工作计划性和组织能力，较好地组织下属员工做好本部门工作	工作计划性强，能知人善任，很好地组织员工发挥各自力量，共同把工作做好，管理工作井然有序，有条不紊		

（续）

考核要素	评分标准				自评分	考评分
	差（1~3分）	一般（4~6分）	良（7~8分）	优（9~10分）		
6. 团结协调能力	很难与他人共事，协作态度差，狂妄自大，经常与别人争吵	协作态度不太好，对别的部门工作配合不主动，勉强接受工作，与他人合作一般	协作精神较好，能较好地配合别的部门把工作做好	为人谦逊，易于合作，积极主动协助别的部门把工作做好		
7. 决策能力	工作无主见，对一般问题判断不准，优柔寡断，分析和判断能力差	对基本问题有简单的分析和判断	对一些较大的问题能做出较全面的分析和判断，有较强的解决问题的能力	有战略眼光，能正确地确定目标，对重大而复杂的问题做出正确的分析与判断，并选出最佳方案，做出正确决策		
8. 创新能力	因循守旧，固步自封，排斥新事物	思想比较保守，对新事物接受较慢，习惯于现状	思维比较活跃，有一定的改革创新能力，能结合实际改进工作	锐意求新，勇于开拓，有独特的思维，能积极主动地提出质量高的改革创新建议		
9. 出勤率	工作散漫，经常迟到早退	工作处于应付状态，不勤奋，有时迟到早退	工作比较勤奋，一般不迟到早退，能根据工作需要加班工作	工作勤奋，不迟到早退，经常不计报酬地加班工作		
10. 工作质量	工作量小，质量差，经常出差错	办事比较拖拉，工作效率不高，工作质量一般	工作效率较高，能较好地保质保量地完成工作	工作效率高，能多、快、好、省地完成任务		

▶ 想一想：企业为什么要进行员工绩效管理？

_____

_____

_____

2. 绩效与人力资源管理职能的关系

1）绩效管理与工作分析。工作分析是绩效管理的前提和基础，通过工作分析，确定职位的工作职责和绩效目标，并以此为依据制定对该职位员工进行评价的绩效标准。

2）绩效管理与人力资源规划。通过绩效管理，组织能够准确了解员工目前的知识和技能水平，并以此为基础进行人力资源供给和需求预测。

3）绩效管理与招聘选拔。组织通过对员工的绩效进行考核，可以对不同招聘渠道的效果进行比较，从而可以优化招聘渠道，也可以对选拔的有效性进行评估；另外，如果招聘选拔的质量比较高，员工在工作中的绩效表现良好，还可以减轻绩效管理的工作量。

4）绩效管理与人员调配。人员调配的目的是要达到人员与职位的最佳匹配，通过科学的绩效考核能够确定员工是否适合现任职位，也可以发现其所适合的岗位。

5）绩效管理与培训开发。通过绩效考核，能够发现员工工作中的不足，因而产生培训需求；相反，培训开发可以改进员工绩效，对绩效管理目标的实现可以起到很好的推动作用。

6）绩效管理与薪酬管理。绩效管理与薪酬管理的关系最为直接，绩效管理是决定薪酬的一个重要因素。

> **管理个案**
>
> 老张开了一家小饭馆，每天早上6点就开始卖早点，晚上9点多还在卖夜宵，一年中很少见他有休息的时候。为什么老张这么努力呢？因为赚的钱都是他自己的。这说明：绩效管理要发挥作用，还需要将考核与激励结合起来。
>
> **请你回答：**
>
> 要充分发挥绩效考核的导向作用，除了必须做到绩效目标设置合理外，还需要满足哪些条件呢？

任务4.5　企业员工薪酬管理

任务导读

在企业里，薪酬管理不是"分蛋糕"，也不是论功行赏。薪酬制度本身所规定的分配方式、分配标准、分配规则以及最终的分配结果等，会反过来对人力资源的来源及其工作绩效产生影响。薪酬分配的过程及其结果所传递的信息有可能会导致员工有更高的工作热情、更强烈的学习与创新的愿望，也有可能导致员工工作懒散、缺乏学习与进取的动力。

> **管理个案**
>
> 渔夫出海时偶然发现他的船边游动着一条蛇，嘴里还叼着一只青蛙。渔夫可怜青蛙，就俯下身来从蛇口救走了青蛙。但他又很可怜这条饥饿的蛇，于是找了点食物喂蛇，蛇快乐地游走了。渔夫为自己的善行感到非常欣慰。时过不久，他突然觉得有东西在撞击他的船，原来，蛇回来了，而且嘴里还叼着两只青蛙。
>
> **请你回答：**
>
> 为什么一些员工宁愿冒失业的风险去磨洋工却不愿意努力提高劳动生产率？

1. 员工报酬的构成

在企业中，报酬的实质是指企业对员工付出劳动的回报。从广义上讲，报酬分为经济类报酬和非经济类报酬两种。经济类报酬是指员工的工资、津贴、奖金等，非经济类报酬是指员工获得的成就感、满足感、良好的工作氛围等。

根据报酬构成的各部分的性质、作用和目的不同，大体可以把报酬分为工资、津贴和补贴、奖金和福利四大部分。

（1）工资

工资是指国家根据按劳分配的原则，对劳动者进行个人消费品分配的一种形式，或者说是劳动者通过按劳分配所得到的货币形式表现的劳动收入。工资一般分为岗位工资、职务工资、技能工资、工龄工资等,常常以小时工资、月薪、年薪等形式出现。

工资就其计量形式而言,可分为计时工资和计件工资两类。

1)计时工资。计时工资是指根据员工的劳动时间来计量工资的数量,主要分为小时工资制、日工资制、周工资制和月工资制四种,钟点工、临时工分别以小时工资制和日工资制为主。在美国许多企业采用周工资制,我国以月工资制为主。

2)计件工资。计件工资是指预先规定好计件单价,根据员工生产的合格产品的数量或完成的一定工作量来计量工资的数额。计件工资制包括包工工资制、提升工资制及承包制等多种形式。与计时工资制相比,它能够更加密切地将员工的劳动贡献与其报酬结合起来,提高员工的劳动生产率。它的缺点是只适合于可以准确以数量计量的工作。

(2)津贴和补贴

津贴也称附加工资或者补助,是指员工在艰苦或特殊条件下进行工作,企业对员工额外的劳动量和额外的生活费用付出进行的补偿。津贴的特点是它只将艰苦或特殊的环境作为衡量的唯一标准,而与员工的工作能力和工作业绩无关。津贴具有很强的针对性,当艰苦或特殊的环境消失时,津贴也随即消失。根据实施目的的不同,津贴可以分为三类:地域性津贴、生活性津贴和劳动性津贴。与员工生活相联系的补偿称为补贴,如交通补贴、物价补贴、高温补贴等。

(3)奖金

奖金也称奖励工资,是为员工超额完成了任务或取得优秀工作成绩而支付的额外报酬,其目的在于对员工进行奖励,促使其继续保持良好的工作势头。奖金的发放可以根据个人的工作业绩评定,也可以根据部门和企业的效益来评定。

奖金比起其他报酬形式具有更强的灵活性和针对性,奖金形成的报酬也具有更加明显的差异性。

(4)福利

根据《中华人民共和国劳动法》的有关规定,员工福利可分为"社会保险福利"和"用人单位集体福利"两大类。

1)社会保险福利。社会保险福利是为了保障员工的合法权利,而由政府统一管理的福利措施。根据是否具有强制性,社会保险福利分为法定福利和自主福利。法定福利包括基本养老保险、医疗保险、失业保险、工伤保险、生育保险和住房公积金等,有的企业也称"五险一金"。自主福利则是企业自行发放的多种形式的福利,例如企业年金等。

2)用人单位集体福利。用人单位集体福利是指用人单位为了吸引人才或稳定员工而自行为员工采取的福利措施。比如工作餐、工作服等。

用人单位集体福利根据享受的范围不同,可分为全员性福利和特殊群体福利两类。全员性福利是全体员工都可以享受的福利,如工作餐、节日礼物、健康体检、带薪休假等;而特殊群体福利仅能供特殊群体享用,这些特殊群体往往是对企业做出特殊贡献的技术专家、管理专家等企业核心人员。特殊群体的福利包括住房、汽车等项目。

随堂测

- 你是否认为工资就是收入? 是 不是
- 奖金是否属于员工的报酬? 属于 不属于

2．薪酬体系的设计原则

（1）战略导向原则

一个好的薪酬体系必须符合企业的发展战略目标，服务于企业未来长远的规划和发展。人力资源管理部门在制定企业薪酬体系时，必须紧扣企业发展战略，无论是薪酬政策导向，还是薪酬制度建设，都应该能够促进发展目标的实现。

（2）公平原则

公平性是薪酬设计的基本要求。公平分为内部公平和外部公平。内部公平有三层含义：首先，公平是指依据企业内不同的工作岗位对企业整体目标实现的相对价值来支付薪酬，它可通过岗位评估衡量岗位价值来解决。其次，公平是要求同种工作岗位上员工的薪酬应公平，即同工同酬。最后，由于不同员工的资历、技能、绩效等存在个体差异，即使是从事同种工作岗位，不同员工所获得的公平的报酬在数量上也是有差异的，即按劳分配。它可通过绩效考评来核算。外部公平是指社会上不同企业或组织之间的薪酬应公平。

（3）竞争力原则和经济性原则

人力资源管理人员在设计薪酬体系时，应该通过调查了解同行业薪酬市场的薪酬水平和竞争对手的薪酬水平，设计出具有市场竞争力的薪酬，才能充分吸引和留住组织发展所需的优秀人才。

（4）激励原则。企业中，不同员工往往对企业的贡献不同，薪酬也应该根据贡献大小适当拉开差距，如薪酬与工作绩效挂钩，奖励优秀的工作业绩，激励员工的工作动机。

（5）合法原则。企业制定薪酬制度必须遵守国家法律和政策、地方法规，如国家关于最低工资、社会强制性的福利、保险等的规定。

3．报酬的基本制度

报酬制度主要是由报酬等级表、报酬标准、技术（业务）等级标准以及职务（工种）统一名称表等内容所组成。不论何种形式的报酬制度，都离不开这些内容，但是侧重点可以有所不同。报酬制度有如下四种类型：

（1）工作报酬制

工作报酬制的主要特点是：员工的标准报酬是由其所担任的工作，对任职人员在文化、技术、业务、智力、体力等方面的要求，以及劳动环境对员工的影响所决定的，即根据工作的劳动复杂程度、繁重程度、责任大小、精确程度以及劳动条件等因素确定各工作之间的相对顺序（等级），并规定相应的报酬标准。工作报酬制又可分为如下两种形式：

1）职务报酬制。职务报酬制由职务统一名称表、业务标准、报酬标准表所组成。职务报酬制可以实行单一型的报酬标准，也可以实行涵盖型的可变报酬标准。实行职务报酬制必须满足三个条件：一是要有健全的、合理的编制定员标准；二是要做到职务范围清晰，责任分明，工作规范，便于评价；三是要建立科学合理的员工调配、考核、晋升制度。

2）岗位报酬制。岗位报酬制是根据员工所在工作岗位的不同，以及同一岗位内技术复杂程度的不同所划分的等级，确定员工报酬的制度。它适用于专业化程度较高、分工较细、工作技术比较单一、工作物比较固定的产业和工种。岗位报酬制的特点是：体现岗位之间的差别，解决了报酬处于同一起点、同步升级、技术复杂岗位与简单辅助岗位的员工报酬拉平，甚至出现倒置的问题；体现员工在劳动成果上的差异，解决了在集体操作的流水线上，劳动者之间因技术素质高低、应变能力大小和劳动成果高低的不同而引起的在报酬上的差别问题。岗位报酬制有利于解决专业工龄短、劳动成果大或从事有毒有害工种的员工得不到相应报酬的矛盾。

（2）能力报酬制

能力报酬制是以劳动者自身条件（技术、业务水平及体质、智力）为主来反映劳动质量差别的一种报酬制度。其主要特点是：根据员工本人所具有的综合能力，确定员工的报酬等级和标准报酬。先要通过考核，对员工的能力大小及提高程度进行评价审定，然后再确定报酬等级和报酬标准或增资幅度。能力报酬制的适用范围是：工作技能要求和对员工的劳动熟练程度要求比较高，工作（工作物）内容不固定的企业或产品繁杂、员工人数不多、工作内容变动频繁的中小型企业。能力报酬制主要有下面三种形式：

1）能力资格报酬制。能力资格报酬制以能力资格制度中的等级为标准而设定。能力资格级别越高，级与级之间的能力差距越大，能力报酬的级差也随级别升高而加大。每个员工的能力水平，归根到底应该通过工作效率或工作成绩的形式反映出来，才有实际意义。

2）职能报酬制。职能报酬制是按完成职务的能力决定报酬，即员工的能力只限于所从事的业务需要的能力，以这种能力的价值进行判断，并确定相应的报酬。

3）技术等级报酬制。技术等级报酬制，即按照技术复杂程度及劳动熟练程度划分等级和规定相应的报酬标准，再以员工所达到的技术水平评定技术等级资格标准报酬的一种报酬等级制度。它由报酬等级表、报酬标准和技术等级标准组成，适用于技术复杂程度高、员工劳动熟练程度差别大、分工粗和工作物不固定的工种。

（3）结构报酬制

结构报酬制把员工的报酬划分成若干组成部分，构成动态性的报酬结构模式，用报酬分解的方式，确定和发挥各种报酬各自不同的功能，克服原来等级报酬制将劳动者工作年限的长短、技术水平的高低、劳动态度的优劣、贡献的大小等因素混杂在一起，用混合式方法确定报酬等级而带来的某些弊病。

结构报酬制既适用于职员，也适用于工人；既适用于专业化程度高、分工细的行业，也适用于技术要求高、分工粗的行业。但是，各部门、各产业、各企业在具体运用时侧重点应有所不同。由于结构报酬制集中了能力报酬、工作报酬、年功报酬的长处，摒弃其短处，因此它具有较灵活的调节作用，有利于合理安排各企业员工构成中各类员工的报酬关系，能调动各方面员工的积极性，充分发挥报酬的职能作用。结构报酬制一般有以下五个组成部分：

1）基础报酬。它是员工报酬收入中的基本部分，是维持劳动力简单再生产，保障员工基本生活条件的报酬收入。其标准应根据能满足员工基本生活需要的消费品的价格决定。原则上这部分报酬额可不统一，但应根据需要有所区别。

2）岗位报酬或职务报酬。岗位报酬或职务报酬按照各个岗位（职务）的工作繁简、劳动轻重、责任大小和劳动条件等因素决定。其职能主要是促进员工的工作责任心和上进心，激励员工努力学习和提高业务技术水平。为充分发挥这一职能的作用，应将其与工作绩效相结合，根据绩效增减报酬，并且应建立企业内部劳动力流动制度。

3）技能报酬。技能报酬主要是弥补岗位（职务）报酬的不足，鼓励员工钻研技术、提高技能，也是对员工智力投资的补偿。企业经济效益的提高，不仅取决于管理水平，还取决于员工的素质和综合能力。所以在结构报酬制中设立技能报酬很有必要。一些企业将技能报酬与岗位（职务）报酬合并，不单独设置。

4）奖励报酬。奖励报酬以基本报酬和岗位（职务）报酬为基础，使员工的收入和企业的生产发展、经济效益及本人贡献大小相结合，联产、联利，多超多得、少超少得、不超不得。

5）年功报酬。年功报酬按员工工龄的长短和每一工龄应计的报酬额来确定报酬。它是对员工工作经验和劳动贡献的积累所给予的补偿，随工龄的增长而逐年增长。为了使员工安心于本职工作，计发年功报酬时，可以采取连续工龄与一般工龄有别的办法。考虑到员工所积累的劳动贡献随年龄的增长呈抛物线形，因此，可以采取青年员工的年功报酬渐涨，中年员工快涨，老年员工慢涨的办法。

以上五个组成部分，各企业可根据自身的实际情况和分配需要，做出侧重点不一的具体规定，项目上可增可减，并适当进行调整。实行结构报酬制时，要注意合理安排各组成部分的分配比例关系。结构报酬的水平要受到报酬总额的制约，因此基础报酬、年功报酬的比重不宜过大，否则会影响岗位（职务）报酬和奖励报酬的水平；但如果比重过小，又很难发挥它们应有的职能。一般地说，应先在调查的基础上确定基础报酬水平，然后再决定岗位（职务）报酬水平，技能报酬、年功报酬则次之，奖励报酬视年终效益而定。在员工标准报酬的收入中应以直接体现按劳分配主体原则的岗位（职务）报酬为主。

（4）岗位技能报酬制

岗位技能报酬制是根据不同岗位、职位、职务对劳动技能的要求和员工所具备的劳动技能水平而确定报酬的制度。它是以劳动技能、劳动责任、劳动强度和劳动条件等基本劳动要素评价为基础，以岗位报酬、技能报酬为主要内容的企业基本报酬制度。从本质上说，它也是结构报酬制中更为规范的一种具体形式。与其他结构报酬形式有所不同，岗位技能报酬制是建立在岗位评价的基础之上的，并且充分突出了报酬中岗位与技能这两个结构单元的特点，更有利于贯彻按劳分配的主体原则和调动员工提高技术业务水平的积极性。

岗位技能报酬制具有以下特点：

1）全面反映员工的劳动差别。岗位技能报酬制由岗位报酬和技能报酬两大单元构成，比较全面地反映了劳动者潜在、流动、凝结三种形态劳动差别的统一，较技术等级报酬制更能体现按劳分配主体原则的要求。

2）从动态上反映劳动差别和报酬差别。员工的劳动量不是固定不变的，它受主、客观因素的影响，处在动态变化之中。岗位技能报酬制的特点是随岗位、技能的变化而变化。这种对应关系，使劳酬始终处于动态均衡之中。

3）报酬与效益挂钩。岗位技能报酬制较好地反映了按劳分配在市场经济条件下的实现特点，使劳动差别经过市场鉴定，通过经济效益反映出来，使报酬收入不仅与劳动差别相适应，而且还要与经济效益相适应，这将有助于建立企业内部推动生产发展的利益机制。

4）为严格考核提供了科学依据。通过岗位测评达到劳动测评，使不同质的劳动量化，成为可比劳动。这种劳动判别的科学测评，使按劳分配进入规范化新阶段，同时这种规范化的标准也为严格考核提供了科学依据，从而减少了企业内部分配中的矛盾。

5）有利于企业基础管理工作的加强。岗位技能报酬制的关键是岗位测评，要做到对员工劳动量的科学评估，就必须有扎实的基础工作。同时，劳动量的评估必然要求整个基础管理和考试、考核制度的健全和完善。

在实行岗位技能报酬制时,要科学地确定岗位报酬单元与技能报酬单元的比例。一般来说,技术要求高的行业和企业,其技能报酬单元的比重可以大些;而劳动强度大、劳动条件差的行业和企业,其岗位报酬单元的比重应该大些。各企业还可以量力而行,根据实际需要,设置一些辅助工资单元,如保障员工基本生活需要的基础报酬单元或者工龄报酬单元等。

➡ 想一想:企业为什么要设置岗位技能报酬制?

___

___

___

管理个案

杰夫和约翰结伴去郊游,中午时分,他们准备开饭。这时有一个路人路过,路人流露出饥饿的神情。于是,杰夫和约翰邀请他一起吃饭。

杰夫带了5个饼,约翰带了3个饼,三个人怎么分呢?这时约翰建议:"我们将饼放在一起,然后将其分成三份就行了。"于是他们每个人都美美地吃了属于自己的那一份。吃完饭后,路人感谢他们的午餐,给了他们8枚硬币后便走了。

路人离开后,杰夫和约翰为这8枚硬币的分配起了争执。约翰说:"8枚硬币正好每人4枚。"杰夫不同意,说:"我有5个饼,你只有3个饼。应该我5枚硬币,你3枚。"于是两人争吵不休,决定找一位智者来解决这个问题。

智者了解事情经过后说:"约翰,如果公正地分配的话,那你应该得1枚硬币,杰夫得7枚。"约翰不理解。

"是这样的,你们3人吃了8个饼,你吃了其中的1/3,即8/3块,路人吃了你带的饼中的3−8/3=1/3;杰夫也吃了8/3,路人吃了他带的饼中的5−8/3=7/3。这样,路人所吃的额8/3块饼中,有你的1/3,杰夫的7/3,所以公平的分法就是分你1枚硬币,分给杰夫7枚。"

请你回答:
在薪酬管理方面,这则故事给我们怎样的启示?

任务4.6 企业员工职业生涯管理

任务导读

企业在日常经营活动中,职业生涯管理工作看似抽象,但在人力资源管理部门具体的工作中都会有点滴渗透。通过职业生涯管理,企业能更全面地了解员工,了解员工的价值观、个性、能力以及员工的职业发展目标和职业发展道路计划,这样企业就可以根据这些信息，把适合特定职业的人员匹配到位，做到人尽其才、才尽其用，最大限度地发挥人力资源的效能。

> **管理个案**
>
> 比塞尔是西撒哈拉沙漠中的一个小村庄，它位于一块 1.5 平方公里的绿洲旁，从这儿走出沙漠大约需要三昼夜的时间，可是在 1926 年肯·莱文发现它之前，这里的人没有一个走出过大沙漠。肯·莱文作为英国皇家学院的院士，当然不相信这种说法。他用手语向这里的人询问原因，结果每个人的回答都一样：从这儿无论向哪个方向走，最后都还是要回到这个地方来。为了证明这种说法的真伪，他做了一次实验，从比塞尔向北走，结果三天半就走了出来。
>
> 比塞尔人为什么走不出来呢？肯·莱文非常纳闷儿，最后他只得雇一个比塞尔人，让他带路，看看到底如何。他们带了半个月的水，牵上两匹骆驼，肯·莱文收起指南针等现代化设备，只拄一根木棍跟在后面。10 天过去了，他们走了大约 800 英里的路程，第 11 天的早晨，一块绿洲出现在眼前。他们果然又回到了比塞尔。这一次，肯·莱文终于明白了，比塞尔人之所以走不出沙漠，是因为他们根本不认识北斗星。
>
> 请你回答：
> 如果没有目标，人生将会怎样？

1．职业规划概述

员工的职业规划是实现个人和企业双赢的重要工具，也是企业人力资源管理的核心内容。对于员工个人，借助职业规划能够准确认识自身的个性特点和优劣势，确立人生方向，找准职业定位，增强职业竞争力和企业内动力；对于企业，借助员工职业规划管理能够深入了解员工的发展愿望和职业兴趣，为设计适合的组织结构进行人才盘点，使员工感到受重视，从而提升员工满意度和忠诚度，降低人力资源成本，稳定员工队伍。职业规划主要包含以下几个方面：

1）员工个人对自己的能力、兴趣以及职业发展的要求和目标进行分析和评估。
2）企业组织对员工个人能力和潜力的评估。
3）企业组织及时提供在本组织内职业发展的有关信息，给予公平竞争的机会。
4）提供职业咨询。企业人力资源部门以及有关管理人员要切实关心员工的职业需求和目标的可行性，并给予各方面的指导、咨询以及具体帮助。

➥ **想一想**：你对自己的职业进行规划过吗？你是怎样规划的？

_____
_____
_____

2．个人职业生涯管理

个人职业生涯规划是指以实现个人发展的成就最大化为目的，通过对个人爱好、能力和个人发展目标的有效治理实现个人的发展愿望，即在组织环境下，员工自己主动实施一系列用于提升个人竞争力的方法和措施来实现个人的职业意愿。个人职业生涯管理的内容主要包括自我分析、生涯机会评估、目标设定、路线选择、评估与调整等。

1）自我分析。自我分析是对自己的各方面进行分析评价，包括对人生观、价值观、受教育水平、职业锚、兴趣、特长、性格、技能、智商、情商、思维方式、思维方法等进行分析评价，达到全面认识自己、了解自己的目的。

2）生涯机会评估。生涯机会评估主要是评估各种环境因素对自己职业生涯发展的影响。环境因素包括组织环境、政治环境和经济环境等。在设计个人职业生涯时，应分析环境发展的变化情况、环境条件的特点、自己与环境的关系等，只有充分了解这些环境因素，才能做到在复杂环境中趋利避害，使设计的职业生涯切实可行、具有实际意义。

3）目标设定。员工可以与上级主管针对目标进行讨论，并确定短期与长期职业目标。这些目标与员工的期望职位、应用技能水平、工作设定、技能获得等其他方面紧密联系。

4）路线选择。在设计职业生涯时必须做出抉择，以便为自己的学习、工作及各种行动措施指明方向，使职业沿着预定的路径即预先设计的职业生涯发展。

5）评估与调整。面对瞬息万变的社会大环境，要使职业生涯设计行之有效，就必须不断地对职业生涯设计进行评估与调整。其调整的内容侧重于职业的重新选择、职业生涯路线的选择、人生目标的修正及实施措施与计划的变更等。

3. 组织职业生涯管理

组织职业生涯管理是指企业从员工个人的职业发展需求出发，有意识地将之与企业组织的人力资源需求和规划相联系、相协调、相匹配，为员工的职业提供不断成长和发展的机会，帮助、支持员工职业生涯发展所实施的各种政策措施和活动，以最大限度地调动员工的工作积极性。

1）确立管理目标和计划。首先，要分析企业发展战略和人力资源规划，从中发现企业未来的人力资源管理需求；其次，评估企业现有的人力资源管理状况，了解企业现有的实际情况。

2）组建员工生涯管理小组。员工职业生涯管理工作是一项跨部门、跨领域的工作，需要组建一个跨部门、跨领域的团队负责员工职业生涯管理工作的有序推进。

3）开展职业生涯管理宣讲。第一层次是面向员工职业生涯管理小组成员，他们对职业生涯管理的认知程度、对相关技术和方法的掌握程度直接决定了整项工作的最终效果。第二层次是面向员工群体，员工职业生涯管理工作能否得到有效推进，这在很大程度上取决于员工对职业生涯管理的认识以及他们的配合程度。

4）构建员工职业发展通道。在掌握员工相关信息的基础上，企业就要开展职业生涯规划路线设计工作：第一，研究员工信息，找准员工职业倾向。第二，企业根据员工的职业倾向设计职业路径。

5）实施员工培养与评估。一方面审视中间存在的问题并及时予以更正，从而确保职业生涯管理目标的实现；另一方面则是总结和积累经验，为下一步职业生涯管理工作的开展提供科学依据。

> **随堂测**
>
> ● 职业生涯规划是个人的发展规划，与企业组织的人力资源需求和规划无关。
>
> 　　　　　　　　　　　　　　　　　　　　　　　　正确　　　　错误

管理个案

A公司是一家从事航空电子客票开发与销售的公司。在公司成立之初，企业的各项管理还不是特别规范，如人员招聘，每次都是企业某项工作迫切需要人员的时候，管理者才会发布网络招聘广告或者去人才市场挑选。因为公司前期业务规模不大，所以这种方式还勉强能维持企业的运转。随着公司的发展壮大，企业对人才的需求逐渐增加。于是，公司邀请专业机构制订了一套比较完善的人力资源规划方案，借着这个方案，公司的人力资源管理方面也得到了提升。

随着网络时代的到来和信息技术的迅速发展，公司管理者也在思考如何拓展原有业务，实现利润的逐步增长。虽然意识到了问题所在，但公司发展方向和战略目标并不清晰，基本上只是延续原有业务或是模仿其他竞争对手的策略，更不用提实现战略目标的途径和方法了。另外，在公司业务扩张的过程中，公司遇到了一些问题：一是关键技术岗位的人才不足，导致公司在业务扩张方面受到了重大阻力；二是优秀员工的流失严重，尤其是几个重要技术人员的跳槽，让公司的发展也随之陷入了瓶颈。

请你回答：
导致A公司发展陷入瓶颈的原因是什么？

课堂实操

实操1

实操目的： 加深学生对人力资源管理的认识。

实操安排：

1. 以小组为单位，每组5~7人，分享一些古今中外的人才故事和案例，如"千军易得，一将难求""三顾茅庐"等。
2. 结合人力资源管理知识，分析讨论故事中人才对组织活动及目标实现所起的作用。

教师注意事项：

1）由故事案例导入人力资源管理内容。
2）提供一些人力资源管理的简单案例，供学生讨论。

实操2

实操目的： 准确把握人力资源管理者的自身定位。

实操安排：

1）从收集现代企业关注的问题入手，结合所学内容，制订有针对性的工作策略。
2）从企业的整体发展考虑，梳理本项目中六个任务内容的核心要素。
3）从专业管理的角度思考，初期成立的企业要解决的首要人力资源问题是什么。

课堂评价

以小组为单位,由教师对学生课堂实操完成情况进行评价,并将评价结果分别填入表 4-5 和表 4-6 中。

表 4-5　课堂评价 1

评价项目	是否适用	已达要求	未达要求
外在表现(参与度、讨论发言积极程度、发言质量)			
对知识把握的准确程度			
故事案例运用的精准度			

表 4-6　课堂评价 2

评价项目	是否适用	已达要求	未达要求
收集问题与本项目知识结合度,制订策略的准确性			
任务内容的掌握程度			
人力资源管理知识的运用程度			

项目 5　企业公共关系管理

名人名言

企业应该准确无误地向公众提供信息,一个组织想要获得良好的信誉就必须讲真话;如果真情的披露会对组织带来不利影响,就应该根据公众的反应和评价来调整组织的政策和行为。

——艾维·李(现代公共关系之父)

能力目标

掌握企业公关活动流程。
掌握处理企业公关危机的技巧。
掌握协调企业对外关系的技能。

素养目标

具备必要的沟通协调能力。
具备必要的发现问题、分析问题及解决问题的能力。
具备必要的企业公关活动知识。

任务描述

亲爱的同学,你知道企业为什么要进行公关活动吗?公关活动要怎么开展才能取得预期的成果?当面对危机的时候,企业要采取哪些技巧和手段才能走出困境?通过本项目的学习,你会对企业公共关系管理有所了解。从现代公共关系之父艾维·李的"名人名言"中我们可以归纳、延伸出现代企业公共关系管理需要遵循的六大原则,如图 5-1 所示。

企业公共关系管理可以分解为以下任务,如图 5-2 所示。

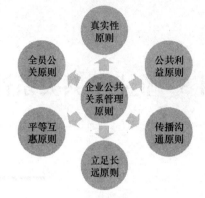

图 5-1　现代企业公共关系管理的六大原则

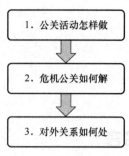

图 5-2　项目任务分解图

任务 5.1　公关活动怎样做

任务导读

在这个信息化的时代，行政管理人员只有了解到公关活动的开展对企业经营起着非常重要的作用，才会通过公关活动来帮助企业塑造良好企业形象，实现软实力的综合提升。同时，行政管理人员还应明确公共关系管理的流程，这是有效开展公关活动的重要前提。

➥ 想一想：你认为公关活动对企业的重要程度如何？

_____
_____
_____

1. 企业公关活动概述

拓展阅读

让世界爱上中国造——格力电器捧回最佳公关传播奖

2015年11月28日，格力电器受邀参加《中国经营报》主办的"'互联网+'2015智慧城市暨中国新型城镇化高峰论坛"，并因在提升中国制造形象方面取得的成就一举摘得"中国年度最佳公关传播奖"。论坛给出的颁奖词是："作为中国制造业的骄傲和全球家电业的领军企业，格力电器将企业的家国情怀、责任意识、创新精神、核心技术等企业精髓全方位、多角度、有节奏、精准化地展示给了国内外受众，使'让世界爱上中国造'这句震撼人心的口号响彻世界每个角落，让'精品中国造'深入人心。为了表彰格力传播团队在提升中国制造形象方面取得的成就，我们特授予其'中国年度最佳公关传播奖'。"

格力的公关团队，随即根据该消息大量撰文，《"让世界爱上中国造"响彻世界》《展示真实的"董小姐"——精品中国造的捍卫者》等许多内容高频率地在网络媒体上发布,强调格力的创造力、专利技术以及"让世界爱上中国造"的广告,特别提出"让世界爱上中国造"是对"中国造"的自信,更是对世界范围内消费者的承诺。相信格力电器将继续以传承优秀企业形象、承担企业社会责任、传播中华民族优秀创新能力为己任,为消费者带去更多的高科技产品。

> 想一想:此次论坛颁奖活动对格力品牌影响力的提升具有哪些益处?格力电器的公关团队根据此次论坛颁奖撰文的目的何在?

_____

_____

_____

公关活动是指通过运用传播沟通的方法去协调组织和社会之间的关系,影响组织的公众舆论,建立良好的形象和声誉,优化组织的工作环境等一系列工作。有公关专家形象地指出:优秀的公关工作=正确的公关意识+科学的公关活动。这说明社会组织在扎实的公关工作的基础上,还要在公关思想的指导下,通过计划、策划,实施有效的公关活动为组织营造一种"天时、地利、人和"的发展环境。具体来说,通过公关活动,可以对企业起到以下作用:

(1)塑造企业形象和美誉度

在互联网时代,通过公关传播和媒体关系,主动、透明地与受众沟通,主动向外界传递自己的声音,比任何时候都需要。在一个对手众多、竞争激烈的市场环境下,公关有助于使企业获得预期客户、合作伙伴、员工、投资商和其他利益相关方的关注。当然,公关所带来的福利是无法具体量化的,我们可以称之为隐形福利,这类福利或者说影响力,并不是企业花钱买几个版面的广告就一定能取得明显的效果。例如,星巴克的成功就是一套文化营销策略与战略性公关传播工具精心结合与实施的结果。

(2)树立品牌权威和公信力

信息爆炸、过剩使互联网用户开始转向他们信任的品牌寻求庇护,在这样一个新环境下,长期以来被视为官方声明的企业新闻稿的角色只能说比以前更重要了,通过企业官方或新闻专线发布的新闻稿,对媒体来说是内容可靠性的保证,同时也使品牌和企业成为行业内相关话题专业、权威、可信任、可追溯的消息来源。新闻稿是公关传播的基本工具,是企业讲故事的基本载体。后面再利用各种传统或新型的媒体渠道,企业的公关效果不但有了基本保证,还能通过分享和搜索被放大很多倍。

(3)吸引融资

聪明的公关会直接影响品牌认知度、企业营收和融资机会。毫不夸张地说,成功的公关活动完全有可能将企业的估值提高,或者能够帮助企业顺利完成新一轮融资。企业所采取的每一步正确的公关策略都将说服企业潜在客户,增加企业品牌可信度,并提升企业的网络声誉,最终让企业脱颖而出。

(4)对企业运营战略给予支持

好的公关不但要帮助企业做活动,还要帮助企业分析活动思路是否正确,为什么要这样开展,这就涉及正确解读企业经营战略的问题,要让公关传播能为企业经营战略服务。通过确定某一行为可能会对企业利益相关方带来的影响，可以预防潜在危机的发生。好的企业声誉意味着消费者、供货商、合作伙伴及政府官员都愿意信任它，从而帮助其实现经营目标。相反，如果企业声誉不佳，利益相关方都对其不信任、不支持，则企业的每项运营都会如履薄冰。研究也表明，定期开展公关活动的上市公司，其股票价值高于"默默无闻"的公司。

（5）促进销量

企业可能有非常好的服务或产品，但如果没有人知道，实现销售就会比较困难。然而，如果企业传播频率高、强度大，与受众间的距离就被会被一步步拉近。大家从网络生活中也可以体会到，比如一次好的公关活动通过新闻平台传播，微信、抖音和微博同时转发，论坛、博客也会后续跟进，可以形成一石激起千层浪的效果，为企业带来更多的影响力，吸引更多注意力。

资料来源：http://www.tianmupr.com/wentisaishi/3175.html

- 你是否同意企业形象就是靠唯一的公关活动树立起来的？　　同意　不同意
- 你认为企业公关活动可以吸引融资吗？　　　　　　　　　　可以　不可以

2．企业公关活动的具体流程

（1）分析公关现状

先对企业内部信息进行调查和分析，了解企业员工的意见和态度；再对企业外部信息进行调查和分析，了解供应商、顾客、竞争对手等对本企业行为的反应；最后，结合对企业内外部信息的分析，分析企业公关现状。

（2）确定公关目标

根据企业公关现状，确定公关目标。公关目标主要包括树立企业良好的信誉和形象，监视、改善、适应企业的运作环境，联络公众和传递内外部信息，辅助决策和协调人际关系等。

（3）制订公关行动方案

根据企业实际需求，制订公关行动方案，方案内容包括公关对象（业务关系单位、企业内部对象、企业外部对象等）、公关主要方式（宣传方式、服务方式、征询方式等）、公关媒介（报纸、电视、网络等）。

（4）编制公关预算

根据公关行动方案，编制公关预算。公关预算的内容包括基本费用和活动费用两种，基本费用包括人工费、办公经费、器材费等，活动费用包括招待费、庆典活动广告费、交际应酬费等。编制公关经费的方法包括总额包干法、项目费用加总法、销售额提成法等。

（5）执行公关行动任务

实施人员按照计划好的行动方案进行落实，在执行中要处理好方案计划进度和实际进度、时间进度和工作任务进度的关系，掌握流程控制、时间衔接、操作时机。同时要密切注意执行中是否存在各种矛盾和不协调因素，比如，竞争对手有无对抗行为、工作方法是否存在较大风险等，并及时加以化解与调整，以免情况恶化。

（6）评估公关行动任务

对公关活动整体流程及执行效果进行检查、评价并反馈。任何一个方案在执行时都不可能完全按照计划完美实现，肯定会有成绩，但也会有偏差、会有意外状况，所以要对活动执行前的准备是否充分、执行过程安排是否合理、信息制作情况、信息传播效果等方面进行评估，也为下一次的计划制订提供改进依据。

公关活动流程如图5-3所示。

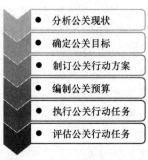

图5-3 公关活动流程图

> **拓展阅读**
>
> **化工厂污染事故的公关策划**
>
> 一家化工厂由于废水没有得到及时处理，流入附近水域造成污染，致使鱼类大量死亡，以捕鱼为生的渔民愤怒地涌入化工厂，进成了严重的社区关系纠纷。
>
> 为了正确处理这起社区关系纠纷，该厂公关部进行了充分的调查研究：
>
> ①调查外部公众，特别是渔民中意见领袖的态度和意见；②调查内部公众，特别是工厂管理者和其他意见领袖的看法和意见；③检验水质和了解鱼类死亡的情况。
>
> 在调查的基础上，分析污染产生的原因如下：
>
> ①领导不重视环保工作，内部无环保机构；②职工环保意识淡薄，环保知识贫乏；③技术设备陈旧；④长期忽视化工厂与社区的关系。
>
> 针对存在的问题和形成原因，该厂公关部门制订了如下公关目标：
>
> ①在全厂普及环保法规；②成立环保机构；③改造旧设备，使"三废"排放量达到国家标准；④进行环保技术培训；⑤建立工厂与社区的环保相互监督机制；⑥建立新型社区关系。
>
> 根据所确定的目标，确定公众对象：
>
> ①外部公众主要是渔民中的意见领袖；②内部公众是化工厂全体职工。
>
> 根据目标和公众对象，确定公关主题为"让我们共同拥有一个良好的环境"，并以此为主线，拟定如下公关活动项目：
>
> ①在厂区车间和社区路旁设置环保标语、板报及环保意见箱；②举办环保知识讲座③改造旧设备；④走访渔民，组织渔民进厂参观，设立渔民环保监督员，组织厂与社区的联谊活动；⑤为社区办实事，如义务培训社区教师、科技人员，扶持社办企业，修理乡村干道和乡村学校，为社区孤寡老人排忧解难。
>
> 在确定项目的基础上，选择的传播方式和媒介如下：
>
> 1）人际传播。走访渔民家庭，设立渔民环保监督员，组织渔民进厂参观等。
>
> 2）组织传播。进行环保知识讲座，运用有线广播、闭路电视、厂报、意见箱等进行环保宣传教育，收集环保方面的建议。

最后，该厂公关部对这项公关活动进行了预算，包括人员、经费和时间三个方面：

1）人员安排。公关经理1名，公关策划2名，新闻采编2名，摄影、摄像2名；美工2名，环保专家2名，其他3名，共14名。

2）经费预算。两次讲座100元，一次参观50元，录像制作200元，联谊活动100元，标语及板报50元，意见箱2个共10元，改造旧设备10 000元，捐助小学1 000元，修路200元，其他200元，共计费用11 910元。

3）时间安排：

4月1日—3日，拜访渔民中的意见领袖；

4月4日—7日，三次环保讲座；

4月8日—15日，一周电视环保法规教育；

4月16日—23日，一周电视环保专题节目；

4月24日—30日，制作环保标语、宣传栏和板报并安置完毕；

5月1日—4日，厂与社区文体联欢；

5月5日—6日，意见箱安置在厂区与社区；

5月7日—8日，组织渔民分批参观工厂；

5月9日—11日，整修乡村干道、维修乡村小学校舍，义务给孤寡老人提供服务；

5月12日—13日，举办两次渔民科普讲座；

5月14日—15日，评估结果，总结经验教训。

共计45天。

以上公关策划付诸实施后，该厂公关部对活动结果进行了检查：

1）举办了一次环保法规和环保技术知识竞赛，检查了全厂职工掌握环保法规和技术知识的情况，通过奖励先进，进一步促进了职工环保教育。

2）对环保机构的设置和工作情况进行了解。

3）测定设备改造后的"三废"排放量，基本达到了国标。

4）定期开箱，了解有关环保意见和建议，发现职工环保意识增强了，渔民们也对环境改善表示满意。

5）与社区的关系状况得到了全面改善。

➦ 想一想：公关策划的程序有哪些？要注意哪些原则？

任务5.2　危机公关如何解

任务导读

在组织经营过程中，由于决策失误、产品设计与质量问题、公共关系活动违反法律规定、经营人员的态度与水平问题、新闻媒介和竞争对手的误导等,总是会出现一些危机事件。危机是市场经营活动的影子,也是公共关系过程的伴随物。一项调查显示,世界500强企业的董事长和总经理中,约80%的人认为现代组织面对的危机就像人的死亡一样,是不可避免的事情。既然危机不可避免,那么正确处理各种危机事件,就成了公共关系工作的日常性业务。树立科学的危机价值观,掌握公共关系危机的处理艺术与技巧,是有效清除危机影响、开发危机处理资源、塑造组织形象、强化公共关系效用的基本方法。

1. 做好日常准备

对于企业来说,危机事件的处理不应完全依靠事件发生后来解决,而是应在日常工作时便做好准备。

（1）对危机进行分类

企业行政部应分析企业潜在危机的形态,对危机进行分类,见表5-1。

表5-1 危机的分类

序号	类别	特点
1	黄色危机	影响力很小,影响的范围比较小,可迅速解决
2	橙色危机	有一定影响,需要用一定资源解决
3	红色危机	影响力很大,受关注度高,需要用大量资源解决

随堂测
- 你认为危机可以分为几类?　　　　　　一类　　　　三类
- 对企业影响最大的危机是?　　　　　　橙色危机　　黄色危机

（2）制订危机处理预案

为了保证有备无患,公关人员应根据潜在危机及其分类,制订危机处理预案,见表5-2。

表5-2 危机处理预案

危机类别	危机现象	处理方式
黄色危机	① 影响力较小的媒体发出对企业不利的负面文章,目的一般是增加报纸的影响力或以负面新闻要挟企业向媒体投入资源 ② 某些消费者在产品使用过程中因产生问题而不满,对相关部门进行投诉	① 直接与当事人或媒体对话,了解对方对事件的态度和意图,积极提出解决办法 ② 动用相关的资源解决问题 ③ 在最短的时间内处理危机并消除影响
橙色危机	① 较严重的负面事件,会造成一定范围的负面影响 ② 部分客户投诉 ③ 媒体小范围内关注,存在负面报道	① 明确事实真相,确认危机的性质 ② 及时向高层领导汇报 ③ 召开紧急会议
红色危机	① 存在严重侵害消费者利益的情况或客户投诉问题的性质比较严重 ② 媒体大范围紧跟报道,产生恶劣的负面影响	与橙色处理方法基本相同,同时还应成立危机控制中心,明确危机应急处理策略,正面向公众澄清事实,回避正面解释,应做侧面宣传

2. 危机公关处理原则

危机发生以后,首先应该动用足够的人员和有效的调查手段,迅速查明情况,判断危机的性质、现状、可能后果及影响,制订应急措施。危机公关5S原则如图5-4所示。

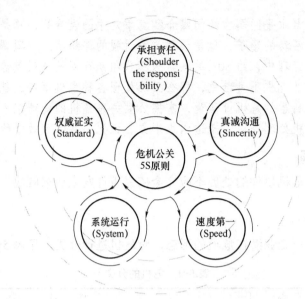

图 5-4 危机公关 5S 原则

3. 危机处理流程

危机来临的时刻能考验一个企业的抗压能力，一个成熟的企业与其他企业之间的差别在此展现。往往一个优秀的企业越是在危机时刻，越能显示出其综合实力和整体素质。危机公关如果处理得当，就有可能成为转机，即在借题发挥的基础上再进行真诚道歉。这样，不但可以扩大企业的知名度和美誉度，还可以显示出其综合实力和整体素质。但是企业如果觉得兹事体小，而对投诉事件放任不管，危机雪球就会越滚越大，一件很小的事件很有可能就演变为星火燎原之势。

面对危机事件时，企业要通过哪些规范的处理流程才能化"危"为"机"，而不是让事态严重化？危机处理的具体流程如图 5-5 所示。

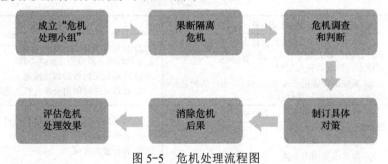

图 5-5 危机处理流程图

（1）成立"危机处理小组"

公关部负责人应在最短的时间内成立危机处理小组，危机处理小组成员应熟悉企业的运作，能够承担压力、富有创造力。还要对危机处理小组成员进行职责划分，保证处理事件时能高效运作。

（2）果断隔离危机

隔离危机就是切断危机继续蔓延的各种道路，使其不能继续发展和扩大。危机一旦蔓延开来，后果不堪设想。危机处理者如果只是急于处理危机而不隔离危机，危机就有可能失去控制，造成更大的灾难，但切忌不能错误地把危机隔离当成封锁消息。

（3）危机调查和判断

危机事件发生后，首先应该迅速查明情况，判断事件的性质、现状、后果、影响，为制订对策和措施提供依据。

1）查明事件的性质与状况。包括事件的种类，发生的时间、地点、原因，现状和发展情况。

2）查明事件的后果和影响。如伤亡人数及严重程度、设施损失状况及价值、破坏程度及范围，以及这些后果已经和即将造成的社会影响。

3）查明事件牵涉的公众对象。包括直接、间接受害的公众对象，与事件有关的直接、间接责任或利害关系的组织与个人，与事件处理有关的机构，以及新闻舆论人士等。

（4）制订具体对策

在全面调查了解危机事件情况后，将所获取的信息进行归类整理、去伪存真、发现研究，再针对不同对象确定相应对策。

1）对组织内部的对策。把危机事件的发生和组织的对策告知全体内部公众，使大家团结一心、共渡难关，确定对具体问题的解决方案并及时采取行动。

2）对受害者的对策。危机事件发生后，要立即同受害者接触，认真了解其情况和要求，实事求是地承担应该承担的责任，表示慰问和歉意，冷静听取受害者的意见，听取和确认有关赔偿损失的要求。要尽最大可能解除受害者的后顾之忧，从而使之保持心理平衡。在与受害者交换意见时，尽量避免出现为组织辩护的言辞。在处理事件的过程中，要派专人负责与受害者联系，不要因处理事件而冷落他们，要让他们对组织产生好感。

3）对新闻界的对策。危机出现后，要及时成立记者接待机构，集中处理与事件有关的新闻采访工作。应该统一新闻传播的口径，注意措辞，尽可能用最有利于组织的形式来发布。发布信息的人员最好是组织的单位负责人，以便给记者提供权威的信息。事件的说明要简明扼要，避免使用专业技术术语或晦涩难懂的词句。提供给新闻界的信息要真实、准确，公开表明组织的立场和态度，以减少新闻界的猜测；要谨慎传播，在事实未完全明了之前，不要轻易对事发的原因、损失以及其他方面的任何困难进行推测性的表态和报道。对确实不能发表的消息，应妥善说明理由，求得记者谅解，不可简单地以"无可奉告"作为回应。为避免失实报道，重要的事情要以书面的形式发给记者。如果记者发表了不符合事实真相的报道，要尽快向报刊提出更正要求，指明失实的地方，并提供全部与事实有关的材料，派遣重要发言人接受采访、表明立场，要求公平处理。

4）对上级领导部门的对策。事件发生后，应及时向上级领导部门汇报，不能文过饰非，更不能歪曲事实真相，混淆视听。事件处理后，要详细报告处理的经过、解决方法以及今后的预防措施。

5）对业务或公务往来单位的对策。要尽快传递事件发生的信息，以书面形式通报正在采取的对策，如有必要，可派组织职员到各有关单位去巡回做当面解释。在事件处理过程中，要定期向各界公众传达处理经过。事件给业务往来单位造成的损失，要以书面形式表示诚恳的歉意。

6）对组织所在社区公众的对策。要及时进行咨询服务，让社区公众了解真相。对于给社区公众造成损失的，要道歉和赔偿。

（5）消除危机后果

以上对策付诸实施后，还要继续进行坚持不懈的工作，从物资、人身、心理等方面，采取解决措施，妥善安排，尽可能消除危机造成的消极后果。

（6）评估危机处理效果

通过调查问卷、现场观察、市场数据观测等方法向社会大众收集企业危机公关的处理效果。工作人员需收集报纸、电视、网络等媒介对企业危机公关处理过程及效果的报道，以及通过分析媒体、社会大众对危机公关的反馈信息，评估危机公关处理效果。评估内容包括公关的覆盖率、有效率、传播力度、销售提升、公关指数提升、公关改进方向等。

任务5.3　对外关系如何处

任务导读

积极开展企业对外公共关系活动，建立良好的对外公共关系，对企业生存发展有重要作用。有助于促进企业活动与整个社会活动的有机结合，有助于协调企业利益与社会整体利益。促进企业与社会，以及各种社会公众之间的相互了解，协调彼此之间的关系，消除可能出现的矛盾冲突，为企业的生存与发展提供良好的社会经营环境。

➡ 想一想：企业要怎么做才能建立良好的对外关系？

_____

_____

_____

企业对外公共关系如图5-6所示。

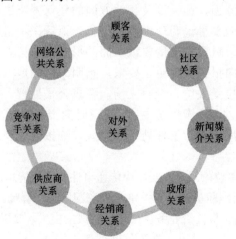

图5-6　企业对外公共关系图

1. 顾客关系

顾客的需求是企业一切活动的中心点和出发点。正所谓"顾客就是上帝",没有顾客也就没有企业。改善企业与顾客的关系,是企业生存和发展的首要条件。所以,要想建立好企业与顾客的关系,必须树立"顾客第一"的思想,高质量的服务、高品质的产品是企业赢得顾客的"磁石",也是良好顾客关系的基础。由于每一类顾客都有自己的利益与需要,所以企业的顾客关系工作都必须明确,哪些顾客与本企业的关系最为密切,他们对本企业的要求如何,怎样才能满足他们的需求,抓住顾客的关心点与需求来开展顾客关系工作。

目前市场上很多公关公司为企业做的活动,都是针对顾客关系的。例如,全球通 VIP 专场新年音乐会,可提升顾客的归属感与优越感。三聚氰胺奶粉事件后,奶制品企业组织顾客参观工厂与牧场,向顾客传达原生态好奶的概念,消除与纠正负面新闻影响。有的企业甚至进行公益捐赠,对顾客也有很大的影响力,例如某企业为地震灾区捐赠亿元,排在所有捐赠企业之首(虽然捐赠不主张攀比),消息通过新闻媒介发布后,顾客对企业与品牌的好感度获得提升,忠诚度也有所提高,有消费者直言,以后消费此类产品就只选择该品牌。

2. 社区关系

所谓企业的社区关系,主要是指企业与相邻的工厂、机关、学校、商店、旅馆、医院、公益事业单位以及居民等的相互依存关系。这些社会单位虽然与企业不会发生直接的经济、业务关系,但却是企业外部经营环境的重要组成部分,对企业的生存与发展也有着重大的影响。开展积极的社区关系活动,具体做法有:①向相邻的单位通报企业的宗旨,以及本企业希望与相邻的企业为繁荣当地经济文化建设而做出贡献的良好愿望;②调查相邻单位、居民对本企业意见;③邀请相邻单位的领导、职工等到本企业参观、座谈及参加娱乐活动;④捐赠资金或者设备等资助地方教育事业;⑤资助地方文化、艺术和体育团体;⑥资助地方医院等卫生部门;⑦资助社会福利事业,包括养老院、残疾人基金会;⑧积极参加社会公益活动,例如植树造林。有些企业认为这些是一种额外负担,其实这是一种战略投资活动,对企业求得公众支持和理解起着十分重要的作用。

3. 新闻媒介关系

企业要处理好与新闻媒介的关系,企业公关人员要尽可能认识有关的新闻媒介的记者、编辑等,并赢得新闻媒介的信任,起码要让其觉得从企业公关人员那里得到的信息是准确真实可靠的,甚至对企业公关人员产生依赖。每当有相关行业新闻,总想起向企业公关人员求证,找企业公共人员采访专业看法。企业公关人员要注意:①了解新闻媒体工作特点与流程,并努力提高自身职业观念;②尽量满足新闻采访需求,配合媒体;③记者招待会要安排好媒体记者席,为信息发布与采访提供最顺畅的沟通机会;④正确引导记者、避免报道失实,最好能提供新闻专稿;⑤杜绝不正之风,不向记者请客送礼来博取有利报道,否则久而久之会降低在记者心目中公正可靠的地位,以后提供的新闻信息可能也会套上功利性的色彩;⑥对记者一视同仁;⑦企业公关人员要研究并熟悉各种新闻媒介的特点,采访报道时才能配合该媒体,并保持与新闻媒介的良好关系。

4. 政府关系

政府机构具有组织领导经济建设的职能,并且根据自身的具体职能对企业具有某方面的管理责任。一个企业涉及的政府管理部门是很多的,诸如工商、税务、社保、统计、城管、环保、安监等,所以正确处理与主管政府部门的关系是企业对外公共关系的重要任务。维护好该关系,需要熟悉了解有关政府法规,遵纪守法。同时,要了解各部门管辖的范围责任,配合各政府部门做好有关工作,支持政府工作。例如,经营上力争上缴更多税金,力争为国家经济以及地方经济、GDP多做贡献。公共事业上,积极参与社会公益捐赠,对政府举办的活动热心支持。平常多与政府部门沟通,一方面能获取最新的政策导向,另一方面也有利于及时汇报本企业工作。

5. 经销商关系

经销商是产品从企业流向消费者的中间机构,肩负着产品销售的重任。因此,企业与经销商之间必须开诚布公,友好合作。好的产品与合理的价格、供货迅速、良好的售后服务与保障,给予经销商必要的支持,都是企业维护与经销商关系的保证。例如,广告宣传支持,各种便利与服务,技术、销售、管理等支持。最后做到利益共享,成为紧密合作的利益共同体。

6. 供应商关系

供应商可以说是企业生产与销售环节的上游合作者,关系着企业生产的原料以及技术服务,最终会影响产品的质量与价格。企业可以通过采购人员加强维护与供应商的关系,以及组织访问、座谈会交流等加强联系与沟通。美国《公共关系月刊》提出了维护企业与供应商之间关系的十大准则,可以供大家参考:①必须在物资管理方面相互了解与合作,实行双方共同负责的原则;②双方既应独立自主,又须尊重对方的自主权;③买方应负责将明确而充分的资料及要求告诉供应商,使供应商明白自己应提供什么样的物资;④双方在从事商业活动之前,应该就物资的质量、数量、价格、交货条件等问题达成公平合理的协议;⑤供应商应该保证物资的质量,保证买方满意;⑥买方与供应商预先应确定一套双方都认可的评价方法;⑦双方应明确处理争端的方式,保证有章可循,以便出现争端时在友好的气氛中解决;⑧双方应考虑对方的立场,必须相互交换资料;⑨双方实施共同的管理标准;⑩双方的商业活动,必须经常考虑到消费者的需要。

7. 竞争对手关系

竞争对手,是指具有同样业务职能的其他社会组织。它们生产类似的产品,面对类似的公众,分享相同的价值观,处理相同的问题。同行业的社会组织,在商品经济发达的社会中,必然会产生相互争取有益于本组织生存发展环境的矛盾,形成优胜劣汰的竞争关系。一般来说,竞争关系是一种非常难以相处的关系。自古以来,人们始终奉行"同行是冤家"这一信条,常常把同行视若仇敌,水火不容。在今天公关事业日益发达的背景下,那种你死我活、势不两立的关系已逐渐被人们摒弃,一种新型互助共荣的竞赛关系越来越受到现代社会的欢迎。市场竞争是企业发展的动力,企业间的竞争是客观存在的。当产品供不应求时,企业间争夺货源;当产品供过于求时,企业间又争夺顾客。组织在处理同业公众关系时,一定要保持高度的冷静和慎重,要在技术、产品、质量和管理上下功夫,不能破坏全社会共同奉守的道德标准。那种倾轧拆台、造谣惑众的恶劣手段只能导致企业身败名裂。良好的竞争者关系,既表现为相互之间的矛盾和竞争,又表现为相互的理解和支持。双方都为建设良好的竞争环境而努力,做到竞争中求协调,协调中求竞争。

8. 网络公共关系

纵观公共关系的发展历程，我们发现公共关系业的发展与媒介技术的发展密切相关，它随着媒介技术的发展而不断成熟，可以说媒介技术的发展成就了公共关系的发展，而公共关系的发展促进了媒介技术的革新。近几年，一直处于营销优势地位的广告的影响力正在下滑。据统计，世界上有近80%的人口对广告开始失去信任甚至产生反感，只有不到20%的人口还对广告存在不同程度的信任。与此同时，公共关系业却受到更多青睐，各企业、机构甚至政府都开始开展公共关系业务，因此公共关系业的发展势在必行。但是，传统公共关系的发展需要新的平台，在互联网时代，网络传播以其高度的互动性，资源的无限性、成本的低廉性及传播的精准性使其具有巨大的优势，集个人传播（QQ、微信、电子邮件）、组织传播（如BBS、新闻组）和大众传播于一体，具备强大的整合性，并且网络媒介的运作目前正在逐渐规范、成熟，已拥有相当大的媒介影响力，互联网正在成为各界人士获取信息的主要通道。庞大的网民队伍不仅是最具活力的市场消费群体，而且是各类组织梦寐以求的公众资源，是组织形象、品牌塑造的理想目标公众。网络媒介在公共关系传播中的影响力不断增强，如何有效地利用网络媒介的传播力，塑造组织良好的形象，促进组织与公众之间的相互了解，促进组织产品、服务的销售，以及有效预防网络公共关系危机，成为组织必须面对的一个重要话题。

> **随堂测**
> - 你认为做好政府公关管理工作，企业除了采取邀请、寻求合作咨询、参与政府活动以外，还应做哪些工作？　　　　发挥内部力量　　　　发挥第三方关系
> - 你认为做好媒体公关管理工作，企业应采取哪项行动？
> 　　　　举行记者招待会　　　　邀请新闻界人士参观访问
> - 你认为在处理与媒体的关系时，除坚持开诚布公、公平对待、提高服务原则以外，还应坚持哪些原则？　　　　理解支持原则　　　　掌握适度原则

拓展阅读

汉堡王说：怼麦当劳，我可是最专业的

汉堡王和麦当劳之间的竞争由来已久，而汉堡王用各种广告怼麦当劳从很久以前就开始了。我们来看几个典型的例子。20世纪80年代，汉堡王直接打出了"完胜麦当劳的美味"的口号，还拍了一系列挑战意味浓厚的广告：麦叔叔本人都乔装打扮来汉堡王买汉堡包，因为汉堡王家的更好吃。

当然，麦当劳也不是个只会受气的包子。面对汉堡王的挑衅，麦当劳曾推出一则广告：在公路旁竖起一块牌子，上面写着前方麦当劳5公里，并在旁边竖起另一块指示牌，表明距汉堡王256公里。汉堡王对此却只回应了一个夹着56层肉饼的巨型皇堡，旁边是个被比得显小的麦当劳汉堡包。

而汉堡王最新操作是在圣诞节直接用直升机给麦当劳门店送去了特别大的圣诞礼物——一个巨大的烤箱。汉堡王用改编的歌曲唱出了缘由："我们从1954年就开始烤汉堡包了，你们至今还在用油炸。现在我们把这个烤箱给你送来啦，以后你们也可以烤出

好吃的汉堡包啦,千万要试试看啊!"表面上是示好,暗地里却是嘲讽麦当劳家的汉堡包不够好吃。

汉堡王自创立以来,与麦当劳斗了几十年。两个品牌都宣称自己的汉堡包是世界上最畅销的。在多年的竞争中,汉堡王发现,自己的汉堡包比麦当劳贵,不具有价格优势,但是质量要好一些,于是开始拿麦当劳汉堡包的质量作为攻击的靶子。1973年,汉堡王抨击麦当劳是一个高度自动化,却缺乏个性的汉堡包机器,并发起了"我选我味"的营销活动,倡导应满足顾客的个性需求。1982年,汉堡王又对麦当劳发动了新一轮进攻,开展了"火烤而非油炸"的活动,并投放对比广告,向顾客炫耀其汉堡包的品种和味道的优势。汉堡王的一系列进攻取得了出乎意料的成果,其市场份额疯涨,餐馆销售额暴涨,甚至引得麦当劳不得不推出新广告来回应汉堡王的挑衅。

此后,汉堡王对麦当劳的单方面挑衅演化成了双方有来有往的拉锯战,它们之间妙趣横生的斗智斗勇,意外地引起了广大消费者们的好奇,不少消费者甚至在网络上呼吁双方继续斗下去。由此可见,在公关事业日益发达的背景下,那种你死我活、势不两立的竞争关系已逐渐被摒弃,反而适当的攻防互动能引起消费者的关注,在互联网上自发传播,从而形成互相借势的共赢局面。

(资料来源:百度,品牌新观察,发布时间:18-05-08,14:40)

▶ 想一想:你知道的像麦当劳和汉堡王这样有着"精彩对决"的竞争企业还有哪些?

_____

_____

课堂实操

实操目的:
1. 通过实训掌握公共关系活动的具体流程。
2. 掌握公共关系调查的内容,能进行公共关系策划。
3. 能实施公共关系计划,并对公共关系的实施进行评估。

实操内容:
以某一医药企业、医院或者其他组织所经历的某一事件为背景,为该组织设计一套实施公共关系的策划书,用于处理危机事件。策划书主要根据公共关系的工作程序进行撰写,包括公关活动目标、公关活动目标公众、公关活动主题、公共关系战术安排、公关活动传播渠道、公关活动具体实施安排(时间、场地、人员、事件、设备等)、公关活动经费预算、公关活动评估。

背景:2013年6月18日我国香港卫生署呼吁市民不应购买或服用一种标示为"维C银翘片"的口服产品,因为该种产品可能含有多种未标示及已被禁用的西药成分,服用后可能危害健康。消息经媒体报道后迅速成为人们议论的热点,药店销售的维C银翘片立刻引起人们的关注,处于风口浪尖的深圳同安药业有限公司所生产的维 C 银翘片的销量更是急剧萎缩。6 月 20 日深圳市药品检验所对深圳同安药业有限公司生产的 8 个批次维 C 银翘片进行了抽样检验,其中包含与香港卫生署网上配发的图片显示相同批次产品。8 批次样品检验全部符合规定,均未检测出香港方面通报的非法添加成分'非那西丁'和'氨基比林'。国家食品药品监督管理总局已于 6 月 21 日同意恢复深圳同安药业有限公司维 C 银翘片销售。

实操安排:

1. 在人员组织分工上要合理,视班级人数来确定小组,每一小组人数以 5~8 人为宜,小组中要进行合理分工。

2. 小组要进行充分的讨论,确定好调查方法、调查对象和调查内容。

3. 通过讨论要确定公关目标和公众,选择适合的公共关系模式,编制初步的预算,选择适合的传播渠道,并对实施效果进行初步的评估。

4. 每组根据讨论结果撰写公关活动策划书,全班进行交流,最后由教师进行评价并打分。

课堂评价

以小组为单位,由教师对学生课堂实操完成情况进行评价,并将评分情况填入表 5-3 中。

表 5-3　课堂评价

评 价 项 目	是否完成(满分 40 分)	完成质量(满分 60 分)	考评成绩(满分 100 分)
实操			

项目 6　企业安全保障管理

名人名言

"安全第一"也就等于"永远安全"。

——查尔斯·M.海耶斯（美国铁路大亨）

能力目标

掌握企业安全管理的方法。
掌握企业生产安全保障、事故预防和控制措施。
掌握企业有效的治安管理措施及突发事件的应急管理办法。
掌握企业消防安全保障措施。

素养目标

具备企业安全管理的思维方式。
具备企业安全管理的技能和方法。
具备必需的企业安全保障管理知识。

任务描述

亲爱的同学，当你选择一家企业的时候，你最关注的是什么？有人说薪酬水平，有人说行业水平，有人说晋升通道，有人说工作岗位，有人说地理区位，答案多种多样，却很少有人关注到安全！现在，请你来思考一下，安全重要吗？回答是：很重要，安全是首要的，是一切发展的基石。它却经常被我们忽略！那么，什么是安全？如何保障企业的生产安全？这个企业有哪些安全预防和保障措施呢？这些措施有效吗？通过本项目的学习，会让你对企业安全管理有新的认识，树立"安全第一，安全是我们永恒的旋律"的理念，养成安全管理的思维方式，具备安全管理的技能和方法，能制定企业安全管理制度。企业安全保障管理分解为以下任务，如图 6-1 所示。

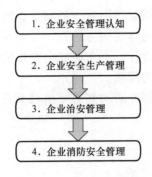

图6-1 项目任务分解图

任务6.1 企业安全管理认知

任务导读

"安全第一""以人为本""珍惜生命""保护劳动者在生产过程中的安全与健康"是生产经营单位的主体责任和义不容辞的义务,是社会必须遵从的公德,是一切劳动者及广大人民依法享有的合法权利。安全管理包括安全生产管理、治安管理、消防安全管理、网络安全管理等。安全管理是企业的头等大事,是保护劳动者安全健康和发展生产的一项重要工作。企业要充分认识安全生产工作的重要意义,树立"责任重于泰山"的思想观念,增强安全生产工作的责任感和紧迫感,运用现代科学管理技术把企业的安全管理工作提高到一个新的水平。

➥ 想一想:在我们周围你注意到哪些安全警示语或标识?

_____

_____

_____

1. 企业安全管理概述

"管理"从字面上讲就是"管辖""处理"的意思。企业安全管理是指企业为了达到安全生产目标,有意识、有组织、不断地进行的安全协调活动。它包含三个层次的含义:

1)企业安全管理是围绕某一共同目标进行的,是集体活动分工协作的产物。

2)企业安全管理是有组织、有意识的活动。

3)企业安全管理的本质是协调人与人之间的活动和利益关系,这种协调活动是一个贯穿始终、反复不断进行的动态过程。

企业形成一种安全管理活动,首先要有管理的主体,即说明由谁来进行安全管理活动的问题;其次要有管理客体,即说明安全管理对象的问题;最后要有安全管理的目的,即说明为何进行安全管理的问题。有了这些就具备了形成企业安全管理活动的基本条件,但要真正进行安全管理活动,还必须要运用为达到安全管理目的的管理职能和管理方法,即解决如何进行安全管理的问题。同时还应考虑到,任何安全管理活动都不是孤立的活动,它必然要在一定的环境和条件下进行。不考虑安全管理的环境和条件,难以解决为什么进行安全管理和如何进行安全管理的问题。

因此,任何一种企业的安全管理活动都必须由以下五个基本要素构成:
1)安全管理的主体。
2)安全管理的客体。
3)安全管理的目的。
4)安全管理职能和方法。
5)安全管理环境和条件。

2. 企业安全管理的特征

根据上述对企业安全管理概念的理解,综合传统安全管理与现代安全管理的基本情况,一般企业安全管理具有以下六种显著的特征:

(1)安全管理的两重性

企业安全管理和任何管理一样都具有两重性,即自然属性和社会属性。认识安全管理的两重性,不但有利于认识安全管理的特征,而且对于安全管理的科学研究和建立,对于如何正确地学习和借鉴别国的管理经验都有十分重要的指导意义。

(2)安全管理的目的性

安全管理是人类一种有意识、有组织、有目的的活动,因此,它有非常明显的目的性。安全管理的这一特征,是我们区别非管理活动的重要标志。在实际安全生产工作中,安全管理的目的往往具体表现为安全管理目标。它是安全管理的出发点和归宿,也是指导和评价安全管理活动的基本依据。为此,企业任何安全管理活动都必须把制订安全管理目标作为首要任务。

(3)安全管理的综合性

安全管理活动要受到多种综合因素的影响,例如,生产过程的特点,机械设备的性能,生产工艺及流程,人的安全生产积极性,人的体力、智力及情绪状况,生产环境,员工之间协作及影响,管理方法,工作制度等。因此,从各种不同角度对各种安全管理活动进行综合分析、研究、思考,才能正确地认识和把握安全管理规律,并提出切合实际、适用工作、行之有效的安全管理原则和安全管理措施。

(4)安全管理的人本性

在企业安全工作中,人是决定性的因素。为此,任何安全管理活动都要以人为中心,贯彻人本原则,把提高人的素质,满足人的安全要求,调动人的安全主动性、积极性、创造性、自觉性的工作放在首位。

(5)安全管理的专业性

现代化大生产的安全管理十分复杂,它涉及诸多工程的专业和诸多学科的知识以及诸多专业的技术。这就需要一支数量大、质量好、结构合理、专业齐全的安全专业管理队伍。当然,培养和造就复合型、一专多能的人才是必要的,但专家型的安全管理人才是更必需的。

（6）安全管理的创新性

安全生产的实践证明，企业的安全管理不仅是进行共同劳动和社会化大生产的必要条件，而且它本身就是一种劳动。这种劳动不但参与创造价值，而且能够推动社会生产力的发展。但是，安全管理的创新性特征远不止表现于此。它的整体含义还在于安全管理本身也是一种不断变革、不断创新的社会活动。通过安全管理的变革，不但能推动企业的发展、经济的增长和社会的进步，在一定的条件下，还可以创造新的生产力，尤其是有助于克服目前企业中存在的重生产、轻安全、重技术、轻管理的倾向，真正把安全技术和安全管理当作是经济起飞的两个轮子。

3．企业安全管理的理念

消灭事故、减少损失是现代安全管理最根本的职责，但现代安全管理除了消灭事故、减少损失这项最根本的职责之外，还有两项重要的社会职能，即发展安全科学技术和直接为企业服务。因此，搞好现代安全管理工作，要有现代安全管理理念。在目前新形势下，对于一个现代安全管理机构来说，其核心理念就是"以人为本、注重学术、服务企业、改革创新"。

（1）"以人为本"是现代安全管理的哲学观

现代安全管理最根本的任务是消灭事故、减少损失，这个任务的实现要靠人，所以，现代安全管理的理念就是"以人为本"。

"以人为本"就是坚持人的自然属性、社会属性、精神属性的辩证统一，是我们从事安全管理工作时应树立的一种哲学观。以"以人为本"的科学内涵为指导，是现代安全管理工作中坚持"以人为本"的基本要求，就是把消灭事故、减少损失的崇高责任放在一切安全管理活动的中心。所以，"以人为本"在现代安全管理中既是一种价值观，也是一种方法论，它有以下几层意思：安全生产不仅是企业发展的需求，也是企业员工自身发展的需求。"企业"和"员工"都是需要安全的主体；安全管理的最终目的是推动企业的不断延续和发展，但安全管理推动企业的不断延续和发展是通过预防事故、减少损失来实现的；预防事故，减少损失要靠人来实现，人是一切安全管理的中心，培养安全生产所要求的人，必须全面提高人的综合安全素质，把企业员工培养成为富有主体安全精神和安全创造力的人。

为此，企业的安全管理必须做到以下两个方面：

1）确立以全面提高人的综合安全素质为宗旨的安全观。全面提高人的综合安全素质的基本内涵主要有以下四个方面：一是品德，在人的综合安全素质中居于首要位置，主要包括自然观、人生观、道德观和价值观，其实质是一种人文精神，能够正确认识和处理人与自然、人与社会、人与人、人与自己的基本关系，核心是健全的人格。二是学识，它是全面提高人的综合安全素质的根本，主要指学问和见识。学问是人们对于自然、社会和思维的知识体系的深刻理解。见识则是对事物本身的洞察力、独到的见解和对未来的预见。三是才能，它是全面提高人的综合安全素质的核心，主要包括安全自学成才能力、安全方法选择能力、安全思维辨别能力、安全研讨设计能力、安全信息处理能力和安全管理表达能力等。四是体质，在人的综合安全素质中属于基础的地位，其内涵有两个方面，即健全的体魄和健康的心理。在全面提高人的综合安全素质的基本内涵中，品德是方向，学识是根本，才能是核心，体质是基础。

2）坚持以人文、科技、创新的统一为核心的现代安全管理理念。安全管理理念是人们追求安全的理想。它是建立在对安全规律和时代特征深刻认识的基础之上的。什么是现代安全管理应该追求的理想呢？有识人士认为，应该是适应现代企业的发展趋势，"以人为本"，以全面提高人的综合安全素质为宗旨的安全观为指导，以人文、科技、创新的统一为核心，为迎接新世纪的严峻挑战提供一种无法用金钱衡量的最佳管理，努力把企业员工培养成为人文精神、科技素质、创新能力统一的一代新人。

（2）"注重学术"是现代安全管理的灵魂

安全管理的本质是预防事故、减少损失，而现代安全管理的本质则是传递、应用、融合和创新安全科学技术的综合反映。正因如此，"注重学术"就成了现代安全管理的一个重要理念。

1）注重学术是现代安全管理存在的基础。现代安全管理的本质是传递、应用、融合和创新安全科学技术的综合反映，所以，一个安全管理机构和组织必然要以安全科技作为它存在的前提。如果离开该安全科学技术的传递、应用、融合和创新，安全管理组织机构就失去了它存在的价值。为了不断地追求客观真理，现代安全管理必然要有一个良好的学术环境，这也是提高管理素质和安全效益的重要保证。

2）管理与研究结合是一种有效机制。现代安全管理与传统安全管理的主要区别就在于管理与研究的结合。在现代安全管理中，管理是中心，研究是先导，管理与研究结合已成为现代安全管理不断向前发展的一种有效机制。

3）关键在于建设一支高素质的安全管理队伍。对于现代安全管理来说，其管理分支和各种专业是由掌握各分支和各种专业技术的安全管理者组成的，因此，在现代安全管理中，专业安全管理者起决定性作用。掌握各种安全专业学问的管理者，尤其是其中学术造诣深的专家，是现代安全管理综合实力的主要标志。

（3）"服务企业"是现代安全管理的使命

现代安全管理有两个哲学基础。一个是认识论的，另一个是政治论的，前者要求现代安全管理者要"注重学术"，后者则要求现代安全管理要"服务企业"。因此，与"注重学术"一样，"服务企业"也是现代安全管理的一个重要理念。

1）现代安全管理必须面向企业。安全管理的基本矛盾是安全与危险之间的矛盾。现代安全管理的社会价值就在于扼制各类事故的发生，消除各类事故隐患，用管理的、技术的、文化的手段和方法去为企业的安全生产服务。这是评价现代安全管理组织机构水平高低、对企业贡献大小的主要标志。

2）坚持安全管理与经济、科技的结合。现代安全管理与经济、科技结合起来，使现代安全管理工作更好地为企业发展服务；在管理体制上，通过管理部门与企业生产部门、科研机构的联系和合作，有利于安全管理出成果、出效益；在员工培养上，只有既坚持"安全第一、预防为主"的原则，又坚持安全与生产、科研相结合的方法，才能培养出高质量的安全人才。

3）双向参与、优势互补、共同发展。安全生产与事故隐患是一对矛盾。解决矛盾的基本方法是安全管理机构必须同生产单位"双向参与、优势互补，共同发展"。从根本上说，现代安全管理机构的主要优势是管理的手段、方法和安全信息、安全科技研究；生产单位的主要优势是生产实践和现场信息。"双向参与、优势互补"指的是安全管理机构和生产单位双方都要充分发挥自己的优势,安全管理机构要主动面向生产现场,生产企业要积极参与安全活动,监督安全管理措施的落实。只要双方都能做到"双向参与、优势互补",安全管理机构和生产管理单位双方就有可能共同发展。

(4) "改革创新"是现代安全管理不断前进的驱动器

21世纪是知识经济的时代,知识经济将推动安全管理创新。因此,"改革创新"也是现代安全管理迎接新世纪挑战的一个极其重要的理念。

1) 从继承到创新的关键和难点是改革。继承、改革、创新是相互联系的,创新是在继承人类社会已有一切优秀文明成果基础上的创新,从继承到创新的关键和难点是改革,人类社会是不断地向前发展的,同时也不断向安全科技、安全管理提出新的挑战。现代安全管理只有坚持"改革创新",才能与不断发展、变化的社会相适应,逐步实现现代安全管理的理念。

2) 21世纪将是安全管理创新的世纪。21世纪是知识经济的时代,企业在不断升级、创新,与此同时,安全管理也将不断创新,因为创新是现代安全管理的灵魂,知识经济时代将是现代安全管理创新的时代。

3) 知识经济将推动现代安全管理创新。在知识经济社会里,安全管理的首要目标将是创新型人才的创新教育体系。现代安全教育、现代安全科技、现代安全生产的一体化将是安全管理创新的重点。现代安全管理创新的难点和核心将是培养安全人才的创新。因此,既要注意人的个性发展,又要将安全活动超越企业的围墙,而社会性与国际性的更加紧密结合也将成为现代安全管理创新的重要趋势。

> **随堂测**
> - "以人为本"在现代安全管理中既是一种价值观,也是一种方法论。　正确　不正确
> - 在现代安全管理中,专业安全管理者起决定性作用。　　　　　　　正确　不正确

4. 现代安全管理的方法

企业安全管理是一门综合性的学科,它具有综合性、一般性、边缘性、专业性和实用性的特点。根据这些特点,企业的安全管理要以马克思主义为指导,从社会主义市场经济条件下的安全管理实际出发,结合有中国特色的社会主义市场经济的特点,同时大胆借鉴国外的先进经验,实事求是、勇于探索。现代安全管理的方法有定性方法和定量方法。

(1) 定性方法

1) 经济方法。一般地说,经济方法是指安全管理主体,按照经济规律的客观要求,运用各种经济手段,通过调节各种经济利益关系,以引导组织和个人的行为,保证企业安全管理目标顺利实现的方法。与其他管理方法相比,经济方法具有利益性、关联性、灵活性、平等性、间接性的特点,因而其既有优点也有缺点。其优点主要表现为:①能够较好地处理各方面的物质利益关系;②能够从根本上调动企业各方面的安全生产积极性,使企业的安全工作成效显著;③利用经济制约关系,便于实行分权的安全组织管理形式,发挥各方面在安全管理工作中的主动性和创造性。其缺点主要表现为:①容易产生单纯追求物质利益的倾向和拜金主义的现象,以致影响企业精神文明的建设;②容易导致利益目标的分散和混乱,增加互相矛盾现象的发生。因而经济方法并不是万能的,在使用中,要注意经济

方法的综合运用和不断完善，注意将其和其他方法有机结合起来，克服其局限性。

2）法律方法。企业安全管理中的法律方法是指运用立法、司法和遵纪守法教育等手段，指导和监督企业及其职工的安全行为，促进安全管理目标顺利实现。它具有严肃性、规范性、强制性、预防性的特点。

3）行政方法。行政方法是指安全管理主体运用行政权力、按照行政层次，通过下达各种行政命令、指示、决议、规定、指令性计划和安全管理规章制度等手段，直接控制组织和个人的行为，以保证安全管理目标实现的方法。行政方法具有权威性、强制性、垂直性、具体性、无偿性的特点，其优点表现在：①集中统一便于各项管理职能的发挥；②快速灵活有效，便于处理特殊问题。其缺点是：①过分强调和依赖行政方法，容易使安全管理系统的动力和活力不足；②过分强调和依赖行政方法容易产生主观主义；③过分强调和依赖行政方法不利于市场经济和社会化大生产的发展。为此，行政方法的运用中要注意突出目标导向，责权一致，建立一套严密的组织机构，处理好管理跨度与层次的关系，最关键的是管理者必须充分认识行政方法的本质是服务。

4）社会心理方法。社会心理方法是指在安全管理过程中，运用社会心理学知识，对人们的社会心理进行详细的了解和科学的分析，按照人们的社会心理活动和规律性进行有效安全管理的一系列方法的总称。社会心理方法的内容极为丰富，需要安全管理者具备一定的社会心理学方面的知识，并要善于在实际运用中不断积累经验。此外，社会心理方法也必须与其他方法结合使用，才能有效地发挥作用。

5）道德方法。道德方法是指企业在安全生产经营过程中，应自觉遵守的各种安全行为和安全规范的总和，属于安全意识形态和安全精神文明的范畴。德治安全是法治安全的补充和完善。法治安全是必需的，德治安全是必要的，法治安全和德治安全相辅相成构成了一把双刃剑，能有效地控制和预防各类事故的发生，确保企业的安全生产。在德治安全工作中，要从内容上把握好整体性，从关系上处理好互补性，从方法上注意到多样性，那么，德治安全就会步入正常的轨道。

（2）定量方法

定量安全管理方法在安全管理中的运用已有悠久的历史。定量安全管理方法是指在一定的理论指导下，运用数学原理、数学公式、数学图形等，通过建立数学模型，并对数学模型进行计算和求解，从而为安全管理提供满意的方案的一系列方法的总称。如预测技术、计划技术、决策技术等。

总之，企业要积极利用定量管理方法和定性管理方法，把定性管理方法和定量技术相结合，注重安全管理的艺术，把科学性、技术性和艺术性巧妙地结合，提升企业安全管理的水平。

> **拓展阅读**
>
> 为什么企业主要负责人也要参加安全培训？
>
> "累、忙、不容易"是绝大多数企业主要负责人（平常所说的企业"一把手"）的生活和工作状况，于是亲自参加安全生产教育培训就成了实在不愿意干的事情之一。再加上目前安全监管系统在政府序列中尚属小部门和弱机构，虽然培训通知也发了，一对一

的电话通知也打了，但开班的时候，还是不见"其人"。态度好点的企业会派个"代表"参加，态度不好的干脆以"领导出差""项目洽谈""业务繁忙难以脱身"为由连个"代表"也不派。尤其是大型企业或者央企驻地企业或者省管驻地企业，对自己身份的优越感较强，更不愿意参加地方组织的安全教育培训。导致的结果是：法律法规的最新要求、安全生产的严峻形势、事故处罚与问责的愈加严厉等至关重要的安全信息传达不到"一把手"那里。

但是，有一点必须搞清楚，按照《中华人民共和国刑法（修正案十）》及最高人民法院、最高人民检察院《关于办理危害生产安全刑事案件适用法律若干问题的解释》（法释〔2015〕22号）规定，一旦发生事故，第一被问责的就是"一把手"。

企业"一把手"之所以要参加安全教育培训，是因为企业主要负责人是一个企业的绝对领军人物，是企业一切资源的最终支配者，市场、产品、成本、流程管理等事务非常繁忙，尤其是民营企业动辄就需要资金投入的项目或工作都需要"一把手"亲自决策和签批。另外，一个企业正常运行，在创造社会物质财富的同时，还能解决就业问题，更重要的是要为国家财政税收做贡献。

首先，"一把手"参加安全教育培训是法律法规的要求。现在是法治社会，"依法治安"是党的十八大以来更加明确的决策。不论是《中华人民共和国安全生产法》（以下简称《安全生产法》）《中华人民共和国职业病防治法》，还是《危险化学品安全管理条例》，均要求企业主要负责人"必须具备与本单位所从事的生产经营活动相应的安全生产知识和管理能力"。

《安全生产法》第二十四条规定："生产经营单位的主要负责人和安全生产管理人员必须具备与本单位所从事的生产经营活动相应的安全生产知识和管理能力。危险物品的生产、经营、储存单位以及矿山、金属冶炼、建筑施工、道路运输单位的主要负责人和安全生产管理人员，应当由主管的负有安全生产监督管理职责的部门对其安全生产知识和管理能力考核合格。"

其次，"一把手"参加安全教育培训，解决的是应知应会问题，"无知无畏"不仅针对一线员工，对"一把手"同样适用。不清楚法规的要求及其严肃性、不了解安全生产形势、不熟悉企业安全管理基本原理和自身短板、不掌握企业风险防控方法和安全管理模式，怎么能够领导一个企业实现安全发展和科学发展？

第三，"一把手"对安全生产知识掌握不充分，自身安全水平不了解，当企业分管安全领导或内部安全管理部门人员汇报工作尤其是争取安全投入时，"一把手"就会很轻易地"否掉"。好多时候"否掉"并非"一把手"故意而为，而是安全知识和安全信息不对称导致的错误决策。

第四，"一把手"不接受基本的安全管理知识培训、不具备必需的安全管理能力，就会对企业自身的安全管理水平造成误判，误认为未发生事故，企业的安全生产状况就很好。其实，从当前的安全生产形势分析、从企业落实安全生产主体责任的水平分析，我们发现：大部分企业不发生事故是偶然，发生事故才是必然。这是很让人揪心的事情。

（资料来源：法制在线）

> **随堂测**
> - 你认为企业"一把手"有必要参加安全培训吗？　　　　必要　　　不必要
> - 你认为安全管理可以创造生产力吗？　　　　　　　　可以　　　不可以

任务 6.2　企业安全生产管理

任务导读

安全管理是企业生产管理的重要组成部分，是一门综合性的系统科学。安全管理的对象是生产中一切人、物、环境的状态管理与控制，安全管理是一种动态管理。安全管理主要是组织实施企业安全管理规划、指导、检查和决策，同时又是保证生产处于最佳安全状态的根本环节。施工现场安全管理的内容，大体可归纳为安全组织管理，场地与设施管理，行为控制和安全技术管理四个方面，分别对生产中的人、物、环境的行为与状态，进行具体的管理与控制。为有效地将生产因素的状态控制好，实施安全管理过程中，必须正确处理五种关系，坚持六项基本管理原则。

↘ 想一想：企业安全生产管理过程中，必须正确处理哪些关系？

_____

_____

_____

1. 企业劳动过程中的不安全因素

安全生产管理是企业的头等大事，是保护劳动者安全健康和发展生产的一项重要工作。企业要充分认识安全生产工作的重要意义，树立"责任重于泰山"的思想观念，增强安全生产工作的责任感和紧迫感，运用现代科学管理技术把企业的安全管理工作提高到一个新的水平。

安全工作的主要部分在安全生产。影响安全生产的因素很多，既有客观因素，又有主观因素；既有企业管理者的原因，也有员工自身的原因。影响安全生产的因素可以从两个方面来分析：

（1）主观因素

影响安全生产的主观因素主要是指人的因素，根据企业中员工的职务不同，又可分为两种：

1）管理者的因素。管理者的因素主要体现在：缺乏安全的组织管理，无专人进行安全防护的执行、安全的督导及培训；没有忠于职守，有渎职、玩忽职守等行为；没有对员工进行安全意识教育和安全技术教育；没有对安全生产工作及时检查监督；分配工作不当，对未具备该项能力的人错误地进行分配；安全训练未能实施；对不安全的环境未能做好管理。

2）员工自身的因素。影响安全生产的另一个主观因素是员工自身的因素，主要体现在：未能很好地学习操作方法、技巧和规程；未按规程操作或工作技术不熟练；未使用劳动保护用品或使用不当；生产时注意力不集中或情绪不稳定；工作责任心不强，自由散漫，工作时闲谈或不认真；不遵守劳动纪律，工作时打闹、嬉戏；没有注意劳逸结合，过度疲劳，精力不集中；工作中相互配合得不好；不执行岗位责任，串岗、漏岗等。

（2）客观因素

影响安全生产的客观因素主要是超出主观意志之外的原因，一般可分为两类：

1）生产过程中的客观因素。生产过程中的客观因素包括：生产设备和仪器的防护、保险及信号等装置缺乏或不良；设备、仪器、工具及附件或材料等有缺陷；生产工艺本身未有充分的安全保障，工艺规程有缺陷；生产组织和劳动组织不合理；个人劳动保护用品缺乏或不良。

2）工作环境的不安全因素。工作环境的不安全因素一般包括：工作地通风不好；材料、半成品、成品混堆；工作场所过分拥挤或布置不当；地面不平；有障碍物存在或地面过滑；厂房、车间平面或立体布局不合理，未提供紧急出口，或出口不足；工作地光线不足或光线太强，容易造成视觉失误从而引起动作出错；工作地有超标准噪声，引起员工心情烦躁，无法安心工作；温度、湿度、空气清洁度不符合标准；有毒、有害物品在班组存放超定额或保管不当，无急救或保险措施；厂房年久未修，厂区污染严重；消防设施配备不齐；电路配线不良；机器设备没有依规定保养，机器活动机件无护罩。

2．企业安全生产管理必须处理好的五种关系

（1）安全与危险并存

安全与危险在同一事物的运动中是相互对立、相互依赖而存在的。因为有危险，才要进行安全管理，以防止危险。安全与危险并非是等量并存、平静相处。随着事物的运动变化，安全与危险每时每刻都在变化着，进行着此消彼长的斗争。事物的状态将向斗争的胜方倾斜。可见，在事物的运动中，都不会存在绝对的安全或危险。保持生产的安全状态，必须采取多种措施，以预防为主，危险因素是完全可以控制的。危险因素是客观存在于事物运动之中的，自然是可知的，也是可控的。

（2）安全与生产统一

生产是人类社会存在和发展的基础。如果生产中人、物、环境都处于危险状态，则生产无法顺利进行。因此，安全是生产的客观要求，当生产完全停止，安全也就失去意义。就生产的目的性来说，组织好安全生产就是对国家、人民和社会最大的负责。生产有了安全保障，才能持续、稳定发展。生产活动中事故层出不穷，生产势必陷于混乱，甚至瘫痪状态。当生产与安全发生矛盾、危及职工生命或国家财产时，将生产活动停下来加以整治，消除危险因素以后，生产形势会变得更好。"安全第一"的提法，决非把安全摆到生产之上。

（3）安全与质量交互

从广义上看，质量包含安全工作质量，安全概念也包含着质量，两者交互作用，互为因果。安全第一，质量第一，两个第一并不矛盾。安全第一是从保护生产因素的角度提出的，而质量第一则是从关心产品成果的角度而强调的。安全为质量服务，质量需要安全保证。生产过程不论丢掉哪一个，都会陷于失控状态。

（4）安全与速度互保

生产时蛮干、乱干，是在侥幸中求快，一旦酿成不幸，非但无速度可言，反而会延误时间。速度应以安全做保障，安全就是速度。我们应追求安全加速度，竭力避免安全减速度。安全与速度成正比例关系。一味强调速度，置安全于不顾的做法是极其有害的。当速度与安全发生矛盾时，暂时减缓速度，保证安全才是正确的做法。

（5）安全与效益兼顾

安全技术措施的实施，定会改善劳动条件，调动职工的积极性，焕发劳动热情，带来经济效益，足以使原来的投入得到补偿。从这个意义上说，安全与效益完全是一致的，安全促进了效益的增长。在安全管理中，投入要适度、适当，精打细算，统筹安排，既要保证安全生产，又要经济合理，还要考虑力所能及。单纯为了省钱而忽视安全生产，或单纯追求不惜资金的盲目高标准，都不可取。

> **随堂测**
> - 你认为企业劳动过程中的不安全因素是否就是员工自身的因素？　是　　不是
> - 安全生产是一项长期艰巨的任务，因此必须贯彻"安全生产、预防为主、全民动员"的方针。　　　　　　　　　　　　　　　　　　　　　　　　　正确　　不正确

3．安全工作的主要内容

各企业虽然促进自身安全生产的措施各不相同，也分别有详细的规定，但一般来说都具有以下三项内容。

（1）安全生产教育

安全生产教育一般要从思想上、法规上和安全技术上对企业员工进行教育培训，使员工不仅意识到安全生产的重要性，而且能在技术上了解如何进行安全操作，这样就可以减少或避免事故的发生，从而为减少员工的伤亡和企业的损失提供保障。安全生产教育的内容见表6-1。

表6-1　安全生产教育的内容

序号	工作	具体内容
1	思想教育	正面宣传安全的重要性 选取典型事故进行分析（从事故的政治影响、经济损失、个人伤害等方面进行）
2	法规教育	学习上级有关文件、条例 学习本企业已有的具体规定、制度 学习相关纪律条文
3	安全技术教育	生产技术的教育 一般安全技术的教育 专业安全技术的训练 职业病原因和预防知识的教育
4	专业安全技术训练	特殊工种专门安全知识的技能训练

安全生产教育的主要形式有"三级教育""特殊工种教育"和"经常性的安全宣传教育"等。①三级教育。在工业企业所有伤亡事故中，由于新工人缺乏安全知识而产生的事故发生率一般为50%左右，所以，对新工人、来厂实习人员和调动工作的工人，要实行厂级、车间、

班组三级教育。其中，班组安全教育包括：介绍本班安全生产情况、生产工作性质和职责范围、各种防护及保险装置作用、容易发生事故的设备操作注意事项。②特殊工种教育。针对工种工作的特殊性及容易引发的安全问题，进行有针对性、预防性的教育。③经常性的安全宣传教育。可以结合本企业、本班组具体情况，采取各种形式，如安全活动日、班前班后会、安全交底会、事故现场会、班组园地或墙报等方式进行宣传。

（2）安全制度

任何一个企业，要想做好安全工作，都必须建立一套完备的安全管理制度并严格按照制度进行管理，只有这样，才能最大限度地避免事故的发生。

（3）安全检查

安全检查也是企业安全工作中事先防范措施的一种，安全检查的执行能在很大程度上降低事故的发生率。安全检查必须由专门的技术人员进行，而且要发动员工做好配合工作，如对安全检查工作的监督、对存在隐患的报告等。企业安全工作应树立一切以预防为主的观念，因而，安全检查具有重要的现实意义，企业必须认真对待。

安全检查的内容：①检查有无进行安全教育；②检查安全操作规程是否公开张挂或放置；③检查在布置生产任务时有无布置安全工作；④检查安全防护、保险、报警、急救装置或器材是否完备；⑤检查个人劳动防护用品是否齐备及正确使用；⑥检查工作衔接配合是否合理；⑦检查事故隐患是否存在；⑧检查安全计划措施是否落实和实施。

安全检查的方法：①经常性检查（包括班组日查、周查、月查和不定时抽查等）；②专业性检查（包括防火防爆、规章制度、电器保安、防护装置、防降温、防寒保暖等）；③节假日前的例行检查；④安全月、安全日的群众性大检查。安全生产管理检查表见表6-2。

表6-2 安全生产管理检查表

序号	工作内容	检查结果记录	备注
1	有无进行安全教育		
2	安全操作规程是否公开张挂或放置		
3	布置生产任务时有无布置安全工作		
4	安全防护、保险、报警、急救装置或器材是否完备		
5	个人劳动防护用品是否齐备及正确使用		
6	工作衔接配合是否合理		
7	是否存在事故隐患		
8	安全计划措施是否落实和实施		

年　　月　　日　　　　　　　　　　　　　　　　　　　　检查人：

除此之外，还要进行自我安全检查：①检查工作区域的安全性。注意周围环境的卫生情况、工序通道是否畅通、梯架台是否稳固、地面和工作台面是否平整。②检查使用材料的安全性。注意堆放或储藏方式、装卸地方大小和材料有无断裂、毛刺、毒性、污染或特殊要求，检查运输、起吊、搬运手段及信号装置是否清晰等情况。③检查工具的安全性。注意检查工具是否齐全、清洁，有无损坏，有何特殊使用规定、操作方法等；④检查设备的安全性。注意检查防护、保险、报警装置、控制机构的完好情况；⑤检查其他防护的安全性。注意检查通风、防暑降温、保暖情况，防护用品是否齐备和正确使用，衣服鞋袜及头发是否合适，有无消防和急救物品等。

安全检查可通过编制安全状况检查表来进行，见表 6-3。

表 6-3 安全状况检查表

检查项目	待改善事项			其他	备注	复检
1. 消防	□无法使用	□道路阻塞				
2. 灭火道	□失效	□走道阻塞	□缺少			
3. 走道	□阻塞	□脏乱				
4. 门	□阻塞	□损坏				
5. 窗	□损坏	□不清洁				
6. 地板	□不清洁	□损坏				
7. 厂房	□破损	□漏水				
8. 楼梯	□损坏	□阻塞	□脏乱			
9. 厕所	□脏臭	□漏水	□损坏			
10. 办公桌椅	□损坏					
11. 工作桌椅	□损坏	□污损				
12. 餐厅桌椅	□损坏					
13. 厂房四周	□有杂物	□场地废弃未用				
14. 一般机器	□保养不良	□基础松动				
15. 高压线	□基础不稳	□保养不良				
16. 插座、开关	□损坏	□不安全				
17. 电线	□损坏					
18. 给水	□漏水	□排水不良				
19. 仓库	□零乱	□防火防盗不良				
20. 废料	□未处理	□放置零乱				
21. 其他						

主管：　　　　　　　　　　检查员：　　　　　　　　　　时间：

4. 意外事故的抢救和处理

意外事故的发生一般有突然性和意外性，因此必须事先准备好应急抢救方案。在事故发生时，要保持头脑冷静，按预定方案有条不紊地进行抢救。在事故抢救后，要及时地进行调查分析，总结经验教训，并加强措施，减少意外事故的发生。

事故处理是包括事故发生后的紧急处理、报告有关部门、进行调查分析和统计、采取措施及处分有关单位和人员等一系列工作的总称。员工伤亡事故的性质，按与生产关系程度，分为因工伤亡和非因工伤亡两类，其中属于因工伤亡的事故包括：员工在工作和生产过程中的伤亡；员工为了工作和生产而发生的伤亡；由于设备和劳动条件不良引起的伤亡（含不在工作岗位）；在厂区内因运输工具造成的伤亡；在生产区域外因完成领导交给的任务，或在其工作地点、工作时间发生的伤亡等。这些因工伤亡事故范围，只涉及统计分析问题，不作为劳动保险的依据。

（1）伤亡事故的分类

根据负伤程度的不同，分为轻伤事故、重伤事故、死亡事故和多人伤亡事故四种。

1) 轻伤事故：指受伤后歇工一天的事故。
2) 重伤事故：指受伤后要经较长时间医治、受伤致残、造成后遗症的事故。
3) 死亡事故：指事故发生当时死亡，或经抢救和较长时间医治无效死亡的事故。
4) 多人伤亡事故：指同时伤亡三人及三人以上的事故。

(2) 事故发生后的紧急处理

事故往往具有突然性，因此在事故发生后要保持头脑清醒，切勿惊慌失措、处理失当，一般按如下顺序处理：①首先切断相关动力来源，如气源、电源、火源、水源等；②抢救伤亡人员，对重伤员进行急救包扎；③大致估计事故的原因及影响范围；④及时报告，呼唤援助的同时转移易燃、易爆、剧毒等物品，防止事故扩大和减少损失；⑤采取灭火、堵水、导流、防爆、降温等措施，使事故尽快终止；⑥事故被终止后，要保护好现场。

(3) 事故的调查、分析和处理

对伤亡事故进行调查分析和处理的基本目的是：找出原因，查明责任，采取措施，消除隐患，吸取教训，改进工作。班组的责任是协助有关部门或人员，搞好调查分析和处理工作。

5．企业安全技术管理

(1) 防爆技术管理

1) 防止爆炸性混合物。加强管理，消灭跑、冒、滴、漏，避免可燃物漏入空气而达到爆炸限度。

2) 防止产生火花。防爆区的电机、照明应采用防爆型的，避免因接触不良、绝缘不良、超负荷或过热而产生火花或着火；正确铺设避雷装置；抢修照明采用安全灯；避免机械性撞击。

3) 防止产生静电。工作人员要穿棉布工作服，不穿容易产生静电的化纤工作服和塑料底鞋。

4) 严格遵守防火制度。严禁在生产区吸烟，严禁明火取暖和焚烧可燃物，严禁在防爆区内装设电热设备。

5) 配备安全装置。如装报警器，在压力容器上安装安全阀，有些设备和管道上可安装防爆板。安全装置要按规定维护核对，使之处于良好状态。

(2) 防火技术管理

1) 加强各种可燃物质的管理。大宗燃料应按品种堆放，不得混入硫化物和其他杂质；对酒精、丙酮、油类、甲醇、油漆等易燃物质要妥善保存，不得靠近火源。

2) 采取防火技术措施。设计建筑物和选用设备时应采用阻燃或不燃材料；油库和油缸周围应设置防火墙等。

3) 配备消防设施。厂区要按规定配备消火栓、消防水源、消防车等。生产车间应配备必需的消防用具，如沙箱、干粉、二氧化碳灭火器或泡沫灭火器等器材，要经常检查、定期更换，使之处于良好状态。

4) 开展群众性消防活动。企业既要组织专业消防队，也要建立群众性防火灭火义务消防队伍；并通过学习和实地演习，提高灭火技能。

(3) 预防触电技术管理

1) 各类电器设备，包括电焊机及照明、家用电器等的选用和安装要符合安全技术规定，保证设备的保护性接地或保护性接零良好。

2）电气设备要定期检修，并做好检修记录；及时更换老化或裸露的电线；及时拆除临时和废弃线路等；待接线头要包扎绝缘。

3）健全电器设备安全操作规章和责任制度，严禁违章作业，严禁非专业人员擅自操作或修理电器设备。

4）对电器设备进行修理作业，要拉断电源和穿戴绝缘衣物。

5）组织职工训练，掌握对触电者的急救措施和技术。

（4）安全操作机械工具的注意事项

1）使用机械工具前必须先检查有无异状，无异状时方可使用。

2）初次用的机械或新装置使用的机械类，必须得到所属主管的准许，并听取说明后才可操作。

3）原动机或动力传动装置，开始发动时应先用口号（呼声）或适当的方法让同事知道，再确认周围的安全状态，然后操作。

4）机械的清扫注油应在转动停止后进行，但得到特别许可时不在此限。

5）如无必要应避免机械的空运转。

6）机器要经常做正确的保养，尤其是密闭加压机械更要严加留意。

除此之外，对于压力计、温度计等要特别小心操作，并在其规定的示度范围内使用；玻璃器具、材料等的装卸、切断或其他使用均需留心，慎防破损；除非经特别允许作业外，一定要戴手套工作。

> **拓展阅读**
>
> 伤害事故的预防及计算
>
> 企业安全工作的目的在于预防事故的发生，避免人员的伤亡及财产损失。
>
> **1. 伤害事故的预防**
>
> 1）将产生伤害事故的原因按人、机、料等运用特性要因图进行分析，将其分解到最细。
>
> 2）依据分析的各种容易出事故的起因，对每一项提出具体的预防措施。
>
> 3）将自己公司的事故及收集到其他公司的事故起因着重进行研究，运用柏拉图法，找出关键性（次数较多）的项目，然后进行A、B、C分类，进行重点和一般预防。
>
> 4）加强对员工的安全训练。进行人身安全保护是预防伤害事故的有力保证措施。企业必须做好这方面的工作：
>
> ① 有危险性的工作应由熟练人员担任，派专人在场监督。
>
> ② 发生伤害时，应迅速将受伤者送至医院治疗。
>
> ③ 工作地点上方可能落下伤人物体时，工作人员应佩戴安全帽。
>
> ④ 使用强烈腐蚀性的浓酸时，应使用安全的工具，避免与身体接触；在灰尘飞扬的环境中工作，应戴上口罩及眼镜；使用电气器材时，应注意绝缘是否完全，是否有导电物体接近电源。
>
> ⑤ 操作起重机时，应注意吊起物体底下及附近是否有人。

⑥ 使用塔架或扶梯，应严密检查是否坚固。
⑦ 玻璃、钉子或铁丝等不得任意抛弃。
⑧ 不得穿着宽松衣裤操作机器或走近操作中的机器。
⑨ 工具应放置于工具箱中，工具箱应尽量放在地面上。
⑩ 尖锐工具应有防护圈盖，且不得放置于衣袋中。
⑪ 锻铸或焊接时应注意远离他人，并应戴必要的眼罩。
⑫ 汽车机车、堆高机、起重机驾驶员必须领有驾驶执照，无照人员不得驾车，亦不得擅自练习驾车。
⑬ 驾驶汽车或机车必须严格遵守交通规则。
⑭ 特种作业的监督人员应明了该项作业的特殊危险，随时告知其属下在工作中遇到停电时要立刻关闭总开关，送电时，在开各开关之前要先开总开关。
⑮ 凡对电器机器进行修理、检查、更换熔棒（保险丝），或进行其他有触电危险的操作时，必须先关闭开关。
⑯ 高压电线作业未确认断电前，不可进行作业。

2．伤害事故的计算

1）伤害频率是指某一个部门或工厂在某一个时期，在每百万工时中员工因工作所发生的伤害事故的次数。

伤害频率＝伤害件数×1 000 000÷某时期内员工工时合计

例如，某公司员工200人，每人每周工作时间40小时，在4个月的时间，总共有3人受伤害，则该厂连续4个月的伤害频率为：

伤害频率=3×1 000 000÷（200×40×16）=23.44 次/百万工时

2）严重伤害率是指某部门或某工厂在某一个期间，在每1 000 000个工时中员工因工作伤害损失工作天数。

严重伤害率=损失工作日总数×1 000 000÷期间内员工总工时

3．事故的建档、统计与报表

事故档案工作的主要任务是对事故档案进行收集、整理、保管、统计分析和鉴定，通过统计分析掌握有关现象的规律，以指导安全生产工作。

任务6.3　企业治安管理

任务导读

治安管理是企业为防盗、防破坏、防流氓活动、防灾害事故而进行的一系列管理活动。其目的是为了保护本企业公共财产不受损失，员工人身不受伤害，保障正常的工作、生活秩序。治安管理包括安全保卫和正常工作、生活秩序的维持两个部分。

▶ 想一想：企业治安管理工作有哪些措施？

_____

_____

_____

1．企业安全保卫工作的内容

1）根据公安部门和公司的相关规定和要求，再结合自己公司实际，制订安全管理总体方案和各种防范措施。例如值班制度、请示报告制度、岗位巡查制度、岗位轮换制度、岗位责任制度、考核制度、奖惩制度、勤务登记制度等。

2）根据安全管理方案的要求，布置警卫力量，保护公共区域要害部位的安全，维护辖区内的公共秩序。

3）根据各种防范措施，采取一切必要手段，预防各种可能的安全隐患的发生。对查出的不安全因素，报告给总经理并提出解决意见，根据领导的指示采取专业措施予以解决。对已发生的安全事故查明原因，提出处理意见。

4）配合公安部门搞好社会治安，遇有刑事案件，立即向公安部门报案，协助公安部门调查处理。

2．企业主要的治安管理措施

（1）建立健全企业安全保卫组织机构

目前，大多数企业都成立了保安部、保卫部、安全部或保卫科等机构，具体负责落实本企业内部的治安保卫工作。各企业可以根据自己企业的规模大小等实际情况，设置适当的治安部门。

根据企业保安工作需要，结合各类企业的特点，企业保安一般设置如下岗位，见表6-4。

表6-4 一般企业保安岗位设置

序号	岗位	工作内容
1	门卫岗位	依据企业的规章制度对进出大门的人员、车辆和物资进行检查、验证和登记，以维护企业内部秩序，保障企业安全的固定式值勤岗位
2	特定守护岗位	对企业指定的场所、设施、物品等要害部位进行看守保护，以保证其安全的岗位
3	巡逻岗位	对企业或企业的某一部分进行巡视检查，发现、纠正和防范各种不安全因素，保证企业安全的流动型岗位
4	押运岗位	为保护企业财产在运输过程中的安全，随运输工具护送的流动型岗位

除此之外，根据企业的具体特点和保安工作的实际需要，还可以设置一些具体的保安服务岗位。

（2）制定和完善各项治安保卫岗位责任制

各企业应根据自己的实际情况制定各项治安保卫制度，针对员工的有"治安保卫管理规定""防风防火管理规定"等；针对内部保安人员的有"保安员值班岗位责任制""保安员接班制度""保安器械使用管理规定"等。

（3）实行值班制度

根据本企业所辖区域的大小和当地社会治安状况，配备相应数量的保安员，实行24小时值班制度。

（4）建立巡逻制度

建立正常的巡逻制度并明确重点保卫目标，做到点面结合。该项工作具体可分门卫、守护和巡逻三个方面来实施。

（5）完善安全技术防范设施

企业应根据自己的实际状况，配备必要的安全技术防范设施，如在厂区四周修建围墙、护栏；在重要部门安设防盗门、防盗锁、防盗报警系统；在办公楼、商业大厦内安装闭路电视监控系统和对讲防盗系统等。

（6）加强车辆管理

加强厂区内车辆的安全管理。

3．巡逻治安管理

巡逻是企业安全的又一保障。一方面，门卫的第一道防线还不足以（也不可能）防止所有不法分子进入；另一方面，员工的疏忽麻痹，以及一些不法分子偷盗抢劫非常猖狂，诸多因素使得企业治安形势复杂严峻。因而，必须加强保安巡逻，消除各种不安全因素。

（1）保安巡逻的范围

保安巡逻的范围只严格限定为企业的公共区域，如辖区的绿化区、休闲娱乐场所、停车场、大厦的公共走廊、电梯厅、洗手间、茶水间等。未经许可，保安一般不允许进入办公室或车间内部。

（2）保安巡逻的方式

保安巡逻的方式主要有定时巡逻和不定时巡逻、穿制服巡逻和着便衣巡逻、白天巡逻和夜间巡逻等方式。

1）定时巡逻和不定时巡逻。定时巡逻一般1~2小时进行一次，其好处在于对企业的情况做到心中有数，掌握企业的治安形势及规律，及时解决治安问题。但是，一些了解企业保安部运作情况的不法分子或内部作案者知道定时巡逻规律后，会采取打时间差的方式作案，因此，有必要采取一些不定时巡逻方式，以确保安全。

2）穿制服巡逻和着便衣巡逻。一般保安员穿保安制服巡逻，保安部经理着便衣巡逻。这两种巡逻方式同时存在，巡逻工作交替进行，可有效地避免巡逻治安工作的疏漏，取得更好的治安效果。

3）白天巡逻和夜间巡逻。白天巡逻的主要任务是检查辖区内的治安情况，消除各种不安全因素，处理违法犯罪活动，为用户提供一些咨询服务等。夜间巡逻除上述任务外，对写字楼要检查各楼层办公室门是否锁好，还要负责关上茶水间电热水器的开关、公共区域的空调开关等。发现办公室门未锁的，应帮其锁好。

4．巡逻保安的职责

1）巡视、检查辖区内是否有不安全的因素，发现情况应及时报告，并采取有效措施进行处理。

2）认真记录巡逻过程中发现的情况，做好巡逻的交接班工作。

3）对形迹可疑人员进行必要的询查，劝阻推销人员、小商贩等尽快离开辖区。

4）制止辖区内打架斗殴事件的发生。

5）制止在辖区内，尤其是在大厦的电梯内、电梯厅、公共走廊等地的大声喧哗、随地吐痰、吸烟等不文明行为。

6）看管好停车场内的车辆，防止撬车、盗车事件的发生。

7）检查消防设施是否完好，及时消除火灾隐患。

8）对客人提供有关大厦管理的咨询服务，必要时为客人做向导。

9）配合管理企业其他部门的工作，发现工程设备、清洁卫生等方面的问题应及时向有关部门反映。

5．巡逻岗岗位职责

1）实行 24 小时（分为 3 或 4 个班）监视和巡察，防止不安全事件的发生。

2）对于形迹可疑的人进行证件检查，必要时检查其所带物品。

3）对于带出本区或在本区起卸的较大物品，要检查单位证明、个人证件，与物主单位联系核实，并予以登记。

4）制止本物业范围内的打架斗殴事件。

5）制止在厂区内大声喧哗，以免影响他人的工作休息，若发生此行为，保安人员要上前制止。尤其是夜间遇此情形，接到报警，要立即向总值班室汇报，并立刻前去现场处理，同时和各值班室联系。

6）看管好所负责范围内的车辆，防止撬车、盗车事件的发生。

7）指挥并监视好所负责范围内的行驶车辆，防止交通事故的发生。

8）监视所管物业，及时消灭火灾隐患。

9）回答访客的咨询，必要时为其引导。

> **拓展阅读**
>
> 治安管理中突发事件的处理
>
> **1．常见的治安、刑事案件的处理**
>
> 常见的治安、刑事案件有打架斗殴、盗窃、凶杀、抢劫等类型，保安人员在执勤时如遇到这些案件应进行如下处理：
>
> （1）发生打架、斗殴的处理方法
>
> 1）积极、果断地劝阻双方离开现场，缓解矛盾，防止事态扩大，同时立即向值班领班报告。
>
> 2）如事态严重、有违反治安管理行为甚至犯罪倾向的，立刻通知当地公安机关前来处理或将行为人扭送公安机关处理。
>
> 3）提高警惕，防止不法分子利用混乱偷窃财物。
>
> 4）说服围观群众离开，保证所辖范围内的正常治安秩序。
>
> （2）发生盗窃案件的处理方法
>
> 1）发现盗窃分子正在作案，应立即当场抓获，并报告管理处及公安机关连同证物送公安机关处理。
>
> 2）如果是盗窃案发生后才发现的，立即报告管理处及公安机关，同时要保护好案发现场。重点是保护好犯罪分子经过的通道、爬越的窗户、打开的箱子和抽屉等，不能

擅自让人触摸现场痕迹和移动现场的遗留物品。

3）对重大案发现场，可将事主和目击者反映的情况向公安机关做详细报告。

（3）发生凶杀案件的处理

1）如发现歹徒正在作案的，应设法制服、阻拦歹徒，并召集各岗位保安配合。同时，迅速向上级和公安机关报案，如有伤员迅速送附近医院救治。

2）如事后接到报告，则保护案发现场，禁止无关人员进入，以免破坏现场遗留的痕迹、物证，影响公安人员勘查现场、收集证物和线索。

3）案发时前门岗及后门岗要加强戒备，对外出人员及车辆逐一检查登记。

4）抓紧时间向发现人和周围群众了解案件、事故发生经过，并做好记录。

5）案发时的现场人员一律不能离开，等待公安人员询问。

6）向到现场的公安人员汇报案情，协助破案。

（4）遇到犯罪分子抢劫的处理

1）在执勤中遇到犯罪分子公开使用暴力进行打、砸、抢、强行夺取他人钱财时，应迅速制止，同时呼叫附近保安和周围群众一起制止，并立即报警。

2）如劫匪逃离现场，要向目击者问清劫匪的人数、衣着颜色和逃走的方向，并立即组织群众堵截；如驾车逃跑的，应记下车牌号码并报警、拦车追堵。

3）保护抢劫现场，不要让群众进入现场，如现场在交通要道或公共场所人多拥挤的地方而无法将证物留放原处时，要收起交公安机关。

4）访问目击群众，收集劫案情况，做好记录并提供给公安机关。

5）事主或在场群众若有受伤的，要立即将其送往医院，并向上级汇报。

2. 常见可疑情况的处理

保安人员在站岗或巡逻时，经常会碰到一些可疑情况，对可疑情况要根据其严重程度采取相应的措施。下面介绍九种常见的可疑情况及其处理方法。

1）可疑情况：厂区内出现冒烟。

处理办法：了解确切的冒烟口，了解冒烟的原因是由于着火还是电线短路造成，并报保安领班及当值企业领导处理。

2）可疑情况：厂房内出现冒水。

处理办法：了解冒水的确切位置以及冒水的原因是由于上水管、下水管冒水还是由于下雨造成，及时堵漏并报保安领班及当值企业领导处理。

3）可疑情况：厂区内有焦味、硫酸味或其他化学品异味。

处理办法：寻找味源，如因电源短路造成，要及时切断电源；如是其他化学品异味，要及时封锁现场，并通知有关部门处理。

4）可疑情况：发现在厂区内游荡或借口找人却说不出被访者的单位及姓名的可疑分子。

处理办法：密切注意其举动，必要时劝其离开。

5）可疑情况：发现身上带有管制刀具、钳子、螺纹旋具、铁棒等工具的人。

处理办法：询问、核查其携带工具的用途，如用途不明的，带回保安值班室处理，或者送当地派出所。

6）可疑情况：发现在偏僻、隐蔽地方清理皮包或钱包的人。

处理办法：立即设法拦截，询问验证，如属盗窃、抢劫财物的，送交公安机关处理。

7）可疑情况：电动车和摩托车无牌、无行驶证、有撬损痕迹的，锁着的自行车被背走或拖走的。

处理办法：当即扣车留人，待查明情况后再放行。

8）可疑情况：机动车拿不出行驶证，说不出车牌号，没有停车证的。

处理办法：立即联系停车场车管员，暂扣车钥匙，看管其人，待查明情况后再放行。如情况不明的，送公安机关查处。

9）可疑情况：遇到保安人员即转身远离或逃跑的人。

处理办法：设法拦截（用对讲机向其他保安人员通告），擒获，并带到保安值班室处理，查明原因后根据情况放人或送公安机关处理。

总之，发现盗窃时，以收回失窃物为首要，并应立即呈请处理。保安人员应熟悉安全装备的使用，了解配置地点，紧急事故发生时应镇静，并以最有效的方法使灾害减少至最低限度，不可慌张误事。保安人员可视情况按下列程序处理：

1）判断情况若尚可消除时，应迅速采取行动，并报告上级及通知厂务单位。

2）判断事故无法消除时，应急速通报有关部门。

3）日间灾害急报有关主管，夜间灾害急报派出所、消防单位或救难单位。

4）夜间或休假日发生灾难时，应将所知情况以及是否波及本公司等情况迅速通报有关主管。

任务6.4 企业消防安全管理

任务导读

水火无情，人们对燃烧失去控制，就会酿成灾害，造成火灾或爆炸事故。各企业应根据自身的特点和所处的环境，制定完善的消防制度和防火规定，约束和规范员工的日常行为，以避免火灾事故的发生。为此，企业要建立严格的消防管理规章制度，并确定防火负责人，加强消防管理的组织领导，职责到位，消防工作"有人抓、有人管、有人救""责任到人，各司其职"。一旦失职，则应依法追究其相应的责任。

➡ 想一想：企业消防管理工作有哪些措施？

_____

_____

1．火灾的起因及预防火灾的基本措施

（1）火灾的起因

近年来，由于各工厂、企业设备规模不断扩大，所用原料与生产的成品、半成品很多

是易燃、易爆品,大大增加了发生火灾的概率;不仅火灾发生的形态日趋广泛,而且其严重性和破坏性也急剧增加。工厂、企业发生火灾的原因主要有以下几种,见表6-5。

表6-5 工厂、企业发生火灾的原因

序号	分类方法	类别	具体原因
1	按性质分	电气设备	电气设备的设计、选用、安装、操作及维护不当,或设备过热、短路、电路超载、通风不良、冷却不当等均可能导致火灾,一般多发生于线路、电机、开关及电热元件
		易燃、易爆气体	易燃、易爆气体外泄与空气混合形成可燃气体,遇到火源易造成爆炸或燃烧
		可燃性液体	可燃性液体若泄漏,其危险性与易燃、易爆气体相同,而且这类物品在受压时也极易产生爆炸
		静电	因物体表面的相对运动而产生静电的现象会发生在固体、液体、气体或尘埃上,物体产生静电会释放火花,可造成周围可燃性气体或粉尘燃烧,引发火灾
2	按因素分	人为因素 过失	管理人员的过失,督导不力或程度不够;存在不安全行为,如违背机器操作规程或没有配备安全装置;疏忽、疲劳、疾病、缺乏技术常识或经验不足;环境不安全,如工厂设计不合理、机械防护不当、危险布置、照明及通风不良等
		自然因素	如因化学反应造成物质燃烧等

(2)预防火灾的基本措施

预防火灾,就是要消除产生燃烧的条件,防止燃烧发生,从而达到防火的目的。预防火灾的基本措施有以下七种:

1)控制可燃物。控制可燃物的具体方法有:以难燃或不燃材料代替易燃或可燃材料;用防火涂料浸涂可燃材料,提高其耐火极限;控制可燃物品的储存量;使可燃物处于良好的通风状态,从而降低可燃气体、蒸汽和粉尘的浓度,使它们的浓度控制在爆炸下限以内。

2)隔绝助燃物。隔绝助燃物就是破坏燃烧的助燃条件。具体措施有:对容易自燃的物品进行隔绝空气存放;将易燃、易爆物的生产置于密闭的设备中进行;变压器充惰性气体进行防火保护;用沙、土覆盖可燃油液;关闭防火门、窗,切断空气对流。

3)消除火源。消除着火源就是破坏燃烧的热能源。主要措施有:在有易燃、易爆物品的仓库、车间、场所严禁一切烟火;在化学危险品生产、储存场所安装防爆设备;重要物资仓库和建筑物需安装避雷装置;电气焊、熬炼沥青及安装取暖火炉等要有严格的动火制度等。

4)防止形成新的燃烧条件。主要措施是指安装阻火装置、设置防火墙和防火间距。

5)对火灾进行监测。要在计算机房、图书馆、重要仓库安装火灾报警装置,使之能尽快提供火灾信息,以有效防止火灾的发生。

6)经常检查、整改隐患。对检查中及平时发现的火险隐患(堵塞消防通道、电线老化、电路故障、违章用火用电等)要及时采取措施加以消除。

7)加强宣传教育,严格管理。坚决贯彻预防为主的方针,落实各级防火责任制,加强消防安全知识的宣传、培训,不断提高员工的防火意识,并严格依照法律章程进行全方位的监督管理。

> **随堂测**
> - 在企业的管理体系中,需要制订火灾事故预防及应急预案吗?　　需要　　不需要
> - 预防火灾,就是要消除产生燃烧的条件。　　　　　　　　　　正确　　不正确

2. 企业的消防管理制度

企业的消防管理制度具体包括三个方面。

（1）消防责任制度

消防责任制度主要包括：消防岗位责任制、消防值班制度和消防档案管理制度。

1）消防岗位责任制。消防岗位责任制是根据消防工作"谁主管,谁负责"的原则,建立起各级领导负责的逐级消防岗位责任制。企业内上至经理,下至消防员,每人都要对消防负一定的责任。

2）消防值班制度。消防值班制度主要是针对值班人员制定的工作制度,包括工作职责与要求、交接班制度、定时巡视制度、发现火灾隐患处理程序、消防设施设备的定期检查与保养制度等。

3）消防档案管理制度。消防档案管理制度是指要求建立消防档案,对火灾隐患、消防设施设备的状况（位置、功能、状态等）、重点消防部位等要记录在案,以便随时查阅。

（2）防火规定

防火规定是指从预防的角度出发,对易引起火灾的各种行为做出规定,杜绝火灾隐患。防火规定主要有以下五个方面：

1）消防设施设备的使用、维护、管理规定。

2）公共通道、楼梯、出口等部位的管理规定。

3）房屋修缮和装修中明火的使用规定。

4）电气设备安全使用规定。

5）易燃、易爆物品的安全存放、储藏、运输规定等。

（3）监督、检查制度

为了确实掌握防火安全规定和制度的落实情况以及器材的完好状态,必须加强监督,定期检查,以便及时发现火灾隐患,责令整改。监督、检查工作也要建立相应的制度。

全面检查各类物业内、停车场内的设施、电气设备、开关线路、照明灯具等。

要定期检查诸如娱乐场所、人员密集及物品集中场所、死角、通道以及仓库、车库等要害地方。

检查的方式可采用自查、普查、抽查或三者相结合的方法。

3. 消防宣传教育

火灾事故的原因有很多,但大多与人的消防意识弱、对消防工作的重视程度不够和社会责任感不强有密切关系。因此,消防管理中的首要任务就是向企业全体员工和家属,特别是辖区内的青少年做好消防宣传教育。

（1）消防宣传教育的内容

通过对消防法规的宣传,增强每个人的消防意识和社会责任感,要使每个人都能做到

"消防意识，警钟长鸣；消防工作，常抓不懈"。

普及消防知识，包括各种防火知识、灭火知识和紧急情况下的疏散与救护知识。

拓展阅读

企业员工应掌握的消防知识

1）掌握防火安全的规定和措施。例如，消防栓周围10米内严禁堆物，15米内不准停放机动车；明火作业应做好灭火准备；易燃、易爆物品及化学物品需定量、定人、定点、定措施保管；消防通道严禁堵塞，娱乐场所不准超员等。还应掌握针对吸烟、用火、燃放、燃烧、使用电热器具等的有关规定。

2）掌握各类消防器材的数量、分布位置、操作技术和使用方法。

3）掌握防火、扑救初起火以及火场逃生的基本常识。

4）消防队员除了本身必须掌握消防知识外，还要通过各种形式开展经常性的消防宣教活动并发动企业员工及家属参加企业每年一度的消防安全活动，以便及时消除火险隐患，熟知灭火应急知识，掌握火场逃生本领。

（2）消防宣传教育形式

要对全体员工进行消防常识的培训和必要的防火、灭火及疏散的训练。

利用板报等多种媒体形式进行消防宣传，并在适当位置张贴标语，如"注意防火""严禁烟火"等。

组织企业员工学习消防知识，利用企业发起的"消防安全周"等进行宣传教育，提醒员工提高防火意识。

课堂实操

实操1：以小组为单位，每组4～6人，讨论企业安全管理部门的具体工作内容有哪些。

实操2：以小组为单位，每组5～7人，讨论企业安全管理人员应具备哪些基本素质。

课堂评价

以小组为单位,由教师对学生课堂实操完成情况进行评价,并将评分填入表 6-6 中。

表 6-6 课堂评价

评 价 项 目	完成数量(满分 40 分)	完成质量(满分 60 分)	考评成绩(满分 100 分)
实操 1			
实操 2			

项目 7　总务后勤管理

名人名言

　　管理者好比是交响乐队的指挥，通过他的努力、想象和指挥，使单个乐队融合为一幕精彩的音乐表演。

——彼得·德鲁克

能力目标

　　掌握总务后勤管理流程。
　　掌握总务后勤管理技能。

素养目标

　　具备必要的总务后勤管理能力。
　　具备必要的总务后勤管理方法。
　　具备必要的总务后勤管理知识。

任务描述

　　亲爱的同学，你想知道在企业行政管理中总务后勤管理具体包括哪些内容，如何进行这方面的管理吗？要从事此项工作，需要具备哪些知识点？通过本项目的学习，会让你对总务后勤管理有所认识。本项目具体内容可以分解为以下任务，如图 7-1 所示。

图 7-1　项目任务分解图

任务 7.1　车辆管理

任务导读

车辆是企业生产、经营、管理以及企业人员工作生活中不可缺少的物质条件。为使企业车辆统一合理管理及有效使用，必须要对企业各种车辆的使用、购置、保养、修理、事故处理及保险事项、年检等制定出一套车辆管理标准，以便进行全方位管理。搞好企业车辆管理是企业行政管理的一项较为艰巨的任务。车辆管理工作必须建立严格的车辆管理制度，从车辆购置入手，经过车辆调度、保修和维修等环节进行全面的管理。

➥ 想一想：你需要外出办事，如何向公司申请一辆车？

_____

_____

_____

1．车辆购置

车辆的选购，要按照适用、经济、配套的原则进行。适用，是指选购的车辆能适应本企业工作的需要；经济，是指选购车辆时要考虑到企业经费的承付能力，贯彻勤俭节约的精神，选购经济实用、物美价廉的车；配套，是指小轿车、旅行车、客车、货车等品种尽可能齐全，又各占适当的比例，以适应多层次、多方面用车的需要。选购车辆，还要特别注意车辆的质量和技术性能，尽力选购适应性强，能够在高寒、高温、雨雪等不同气候条件下正常行驶的车辆。发动机、点火系统、电路系统、轮胎等各种配件达到先进水平和先进标准，燃料消耗低，不超过规定的各类车辆的共同标准，制动性能要好。

2．车辆的使用管理

（1）车辆的使用

新购车辆及经过大修的车辆正式使用前，需要办理申报牌照、领取行驶证、上缴养路费、车辆使用税、车辆保险手续。同时应根据厂家说明书或有关技术规定对车辆进行一次全面检查、紧固、润滑、调整，然后严格按照定车定人的原则投入使用。新车磨合期内，应做到减载、限速行驶。磨合期的合理使用，对于预防车辆机件早期磨损，延长车辆使用寿命是非常重要的。

（2）车辆的调度

车辆的调度就是车队负责人或专职调度人员根据企业车辆使用管理规定和当天的用车量的大小，有计划地安排使用车辆。调度在车辆的使用管理中是十分重要的。解决企业普遍存在的用车量大、供需矛盾突出的问题，除了严格控制无关人员乘车，压缩用车量之外，最主要的是充分发挥调度在连接、协调用车部门同车队之间的关系上的纽带作用。调度工作做好了，就可以充分发挥汽车使用效益，最大限度地满足各方面的用车要求。

（3）制定车辆管理、使用制度

车辆管理、使用制度，应当包括本企业车辆特别是小车使用的范围和对象，车辆调度的原则和程序，运输费用的管理和使用，车队的机构、编制，领导体制和职责任务，以及特殊情况用车、外部门用车、私人用车、车辆外租等的审批权限和收费标准等。

（4）制定车辆管理、使用制度应遵循三个原则

1）执行政策的原则。企业要按照企业用车配备使用的政策规定，从本企业实有车辆的数目、运输任务的大小、人员组成的结构等实际出发，制定出切实可行的车辆使用管理制度，对本企业用车的范围、对象做出明确规定。这是防止随意扩大用车范围、控制用车量、减少供求矛盾的根本措施和保证。

2）统筹兼顾，保证重点原则。制定车辆管理、使用制度，必须充分考虑客观实际，除了明确规定车辆使用范围和对象外，还应明确车辆调度安排的原则，即本企业用车范围内，哪些用车必须绝对保证，哪些用车可酌情安排。

3）勤俭节约和清正廉洁原则。车辆运输耗资大，管理使用不好，容易造成很大的浪费，影响企业的发展。从领导到一般工作人员，凡是能乘坐公共汽车的，就不要求派车；凡是有班车的就不单独派车；办私事不用公车。尽量节约开支，把主要资金用在生产和工作最重要的地方。

车辆使用管理流程如图 7-2 所示。

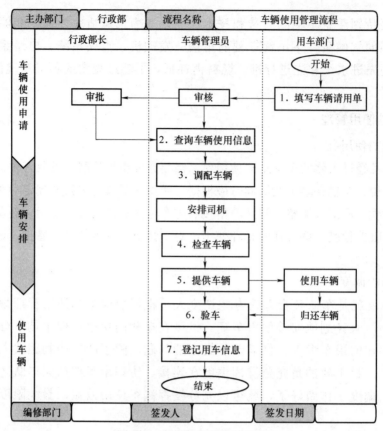

图 7-2　车辆使用管理流程图

3．车辆的封存、折旧与报废管理

（1）车辆的封存

车辆封存一般是把多余的、暂时不用的车辆停驶保管起来。其目的是在减少燃料、材料和经费的同时，提高车辆的利用率。对于各企业来说，车辆定编有限，现有车辆已经很难保证各种用车任务需要，基本上不存在长期封存的现象。有的企业只不过在必要时对少数车辆进行短期停驶。封存车辆一般是对停驶一个月以上的车辆而言。封存车辆前应根据实际工作需要预测封存停驶时间。停驶前应先向车辆管理部门办理停驶手续以减少不必要的开支。

（2）封存车与停驶车的保护

封存车是指技术性能良好，但由于驾驶员配备不齐，货源缺乏，燃料、轮胎供应不足等问题而停驶在一个月以上的车辆。封存车在封存期间，应擦洗干净，架起轮胎，封闭车窗，妥善遮盖；封存车的外露电镀件和易锈件应涂上防锈剂，发电机气缸内注入 20 克左右的新机油，各齿轮箱加足润滑油，油箱内允许存放一定数量的燃油，至少每周将发电机发动一次，每次不少于 10 转；拆下蓄电池统一保管或使用；除严寒气候外，冷却系统允许储存足够的水量；每月应将发电机启动，急速运转 3~5 分钟；汽车长期封存时，每 3 个月应发动行驶 5~10 分钟；封存车各总成、零件及原有装备，应保持完整，不准拆卸或更换；车辆封存在两个月以上，恢复行驶时，应进行一次二级保养。

停驶车是指因部分总成或部件严重损坏，在较长时间内配件无法解决而又不符合报废条件的车辆。车辆停驶后，应将全部轮胎、蓄电池拆卸，按技术规定妥善保管；燃油、冷却水均需放净，并将曲轴、燃料箱加以封闭；发电机火花塞螺孔和各总成箱、壳的加油、放油、验油口均盖好盖塞，缺少盖塞的，应用软木塞塞紧；停驶恢复行驶时，除修理损坏的机件以外，应进行一次三级保养。

（3）车辆的折旧

由于各种类型的多性能、低消耗、高效率的汽车不断涌现，促进企业车辆的折旧就成为一项十分必要的工作。车辆折旧的主要依据是行车里程。折旧里程的长短，应着眼于经济效果的好坏、设备更新的速度，过短会浪费运力，过长将增加修理费及燃料、轮胎的消耗，并阻碍新技术的发展。因此，汽车到达规定折旧里程以后，应及时折旧，可以不再提基本折旧费；尚未提足基本折旧费用的汽车必须提前报废时，应将基本折旧费补足。

（4）车辆的报废

车辆的报废，是指因事故或自然灾害等原因损坏而不堪修复的车辆，因使用年久自然损坏而无修复价值的车辆，或由于车型陈旧，性能落后，耗油量大，行驶噪声和排气污染严重而又需付高价改造的车辆，应及时报废。车辆报废是一项政策性、技术性很强的工作，应认真对待。车辆报废的条件有四个方面：一是政策上不允许继续行驶的老、旧车型。二是车辆技术状况严重恶化，已无修理价值的。三是因事故或自然灾害等原因造成车辆严重损坏无法修复的。四是主要部件严重损坏又无法解决而长期影响车辆使用的。

报废车辆必须完整地将车交送废、旧车辆收购部门，不准拆卸主要部件，变卖或重新组装车辆。报废车不准变卖、转籍或重新办理申领号牌和行驶证。汽车报废必须经主管部门审查批准。汽车一经批准报废，应立即向当地交通监理部门缴销牌照、车照，不得进行转让或移作其他车辆使用。

4．车辆的保养与维修管理

汽车在使用过程中，随着行驶里程的增加，零件的磨损也不断增大，车辆技术状态逐渐变坏，其结果使汽车的动力性、经济性和可靠性不断降低。为了及时恢复车辆的技术性能，使其经常处于良好的技术状态，保证在任何条件下使用的可靠性，减少燃料和器材的消耗，延长车辆大修间隔里程，必须及时地进行车辆的保养和维修。

（1）车辆的保修

车辆经过较长时间的使用，各部件将发生松动，使用性能下降，影响车辆运行。为了延长车辆使用寿命、降低零件磨损速度、防止不应有的损坏、防止发生机械事故、保证安全行车、减少燃料消耗、节约经费开支、保持车辆外表的整洁、减少车辆噪声和对环境的污染，必须对车辆及时进行保养。

（2）车辆的维修

有计划地及时修复车辆，是提高车辆完好率的重要措施，其目的就是及时消除故障，修复损伤，恢复车辆的使用性能，保证车辆正常安全运行。汽车修理按照不同的对象和不同的作用范围，分为汽车大修、总成大修、汽车小修和零件修理四种。

车辆维修管理流程如图 7-3 所示。

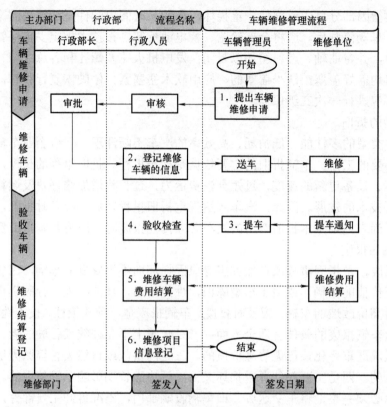

图 7-3　车辆维修管理流程图

随堂测

● 你认为停放的车辆需要保养吗？　　　　　　　　　需要　　　不需要

拓展阅读

发动机养护的五个要点：一是使用适当等级的机油，并定期（每 5 000 公里）更换机油和滤芯；二是经常保养空气滤清器并定期（每 2 万公里）更换；三是定期清洗燃油系统，定期（每 3 万公里）更换燃油滤芯；四是定期（每 3 万公里）保养水箱散热网；五是定期（每 4 万公里或依行驶情况而定）更换火花塞。

任务7.2　餐　厅　管　理

任务导读

为了维护餐厅就餐秩序，规范企业员工就餐行为，营造良好的就餐环境，企业需要规定员工就餐时间、进行加班餐管理，以及要求员工遵守就餐纪律。

↘ 想一想：企业员工餐厅用餐时间怎样安排比较科学？早餐时间、午餐时间、晚餐时间各应如何安排？

_____

_____

_____

1. 员工餐厅管理的概念

员工餐厅管理是指企业的后勤主管部门，为完成企业的餐厅服务工作，对企业的员工餐厅服务进行管理的一系列行为和过程。企业的后勤主管部门，根据市场特点、季节变化规律和企业就餐人员的需要和要求，来确定餐厅服务的目标和内容，并对其进行科学合理的统筹安排和布置，制订出科学合理的服务计划和服务方案，对餐厅服务进行全面的组织、实施、监督和调节，从而有效地利用与员工餐厅服务相关的人力、物力和财力，来完成企业员工餐厅服务的总体目标和具体目标，达到对员工餐厅的管理监督目的，提高员工餐厅对企业员工的服务目的和水平。

2. 员工餐厅管理的特点

一般来说，企业员工餐厅管理与营利性餐厅管理具有不同的特点，主要表现如下：

（1）企业员工餐厅的服务具有福利性

企业员工餐厅的服务对象和指导思想是为企业全体员工提供完善的生活服务，既要服务好企业员工，又不以营利为目的。因此，企业员工餐厅的服务具有一定的福利性特点。

一般情况下，企业餐厅的建设费用或者房租费用、设备购置费用、水电费用、燃料费用和餐厅炊事员的工资开支等，都从企业的行政费用中开支，摊在企业成本中而不计入伙食成本，所以，餐厅主副食品的价格一般只是主副食的原料和各种调料的基本成本，企业餐厅各种食品的价格明显低于社会上的商业饮食部门。有的企业还通过一些其他方法和形式对员工和员工餐厅的伙食进行补贴，例如发放午餐补贴，免费供应饮料、中餐或者晚餐等，体现了企业餐厅的福利性。

（2）企业员工餐厅的服务具有广泛性

企业员工餐厅工作的服务对象是企业的全体员工和外来就餐人员，服务对象十分广泛。同时，有的企业员工餐厅在完成自己企业员工服务的基础上，在有能力的情况下，还开展对外营业，扩大服务范围。因此企业员工餐厅的服务工作具有突出的广泛性。

（3）企业员工餐厅的服务具有技术性

企业员工餐厅的服务对象广泛，人员众多，需要制作加工各种各样的食品类型，品种齐全、种类繁多；同时还必须符合一定的食品营养科学特点，花色品种不能天天一样，必须经常花样翻新，进行科学合理的搭配。这就需要厨师具有一定的技术能力，制作的菜肴和面点有较高的技术特点。尤其是比较高档和精细的菜肴和面点，既要讲究刀工、火候技法，又要有中国食品色、香、味、形俱佳的特点和营养成分。因此，企业员工餐厅的服务具有技术性的特点。

（4）企业员工餐厅的服务具有复杂性

企业员工餐厅的服务内容纷繁复杂，从原材料采购供应、食品加工制作、成本核算、人员搭配、卫生管理、服务态度等方面都要认真落实，每一个方面都要考虑到。任何一个环节出现问题，都会影响企业员工餐厅的服务。同时，企业员工餐厅的服务对象是企业全体员工和外来就餐人员。企业员工餐厅服务的质量，对内，不仅影响员工的身体健康和情绪，而且影响员工对企业工作的体力支出、积极性；对外，还关系到企业形象。因此，企业员工餐厅的服务与企业工作紧密联系，不可或缺，企业员工餐厅的服务是企业工作的一部分，具有一定的复杂性和重要性。

因此，要做好企业员工餐厅管理的工作，重点应当做好以下五个环节：保证伙食质量；改善服务态度；搞好饮食卫生；做好成本核算；做好餐厅安全防范措施。

随堂测

- 你认为企业员工餐厅是以营利为目的吗？　　　　　　　　是　　　不是
- 对员工餐厅的厨师有技术能力的要求吗？　　　　　　　　有　　　没有
- 员工餐厅服务与企业工作有关系吗？　　　　　　　　　　有　　　没有

拓展阅读

餐厅卫生管理制度

第一章　总则

第1条　目的

为了规范餐厅的卫生管理，为全体员工提供卫生、放心、优质的饭菜和良好的用餐环境，确保员工的身心健康，特制定本制度。

第2条　适用范围

本制度适用于公司内部餐厅的卫生管理和卫生检查工作。

第二章　原材料、食品卫生管理

第3条　采购员不得采购腐烂的食材，公司餐厅不得提供腐烂、变质的食品。

第4条　食材清洗干净后方可使用。

第5条　干、鲜食材须分开放置，生食与熟食须分开放置，成品与半成品须分开放置，饭菜食品与杂物、药物、天然冰须分开放置，以免造成交叉污染。

第6条　食材应尽快使用，以防过期变质。

第7条　生、熟食及用具须严格分开使用，做到专具专用。餐具、用具用完后须及时清洗，且每天必须进行一次消毒。

第8条　剩饭、剩菜应保管于通风处，隔餐的饭菜回锅烧透后方可食用。

第9条　直接入口的食品不能用手直接拿取，带包装的食品应使用消毒工具拿取。

第10条　调料器具应加盖，以防沾染灰尘。酱油、醋过滤后方可倒入瓶内或调料器具内，并要保持洁净。

第11条　发现食材不新鲜时，须妥善处理，以防食物中毒。

第三章　食材加工卫生管理

第 12 条　食堂粗加工管理

1. 实行专人加工制度，未加工和已加工的食材须分类、分架存放。严禁将食材直接放在地上。
2. 当餐所用食材当餐加工，尽量用完。未用完的或易腐坏变质的食材，粗加工后须及时冷藏保存。
3. 坚持"一择二洗三切"的操作程序。严禁使用未洗净的食材。
4. 肉类（含水产品）、蔬菜须分水池清洗，分案切配。装肉类（含水产品）、蔬菜的容器应分开使用，且须有明显标识。
5. 所有用具、容器用完后须及时清洗干净，定位存放。
6. 保持粗加工间的卫生与整洁。粗加工的废弃物应及时清运，保证地面无积水、无异味。

第 13 条　食品加工卫生管理

1. 刀、墩、案板、盆、桶、其他容器、抹布等须有明显标识，做到生、熟、荤、素分开使用，定位存放，用后清洗，保持清洁。盛装熟食品的容器（盆、桶、筐等）用前必须消毒。
2. 装调料的容器必须加盖，用完后入柜（或上锁）存放。
3. 必须使用新鲜洗净的食材加工食品。
4. 加工食品必须做到烧熟、煮透，食品从烹饪到供餐一般不超过60分钟。不得向员工供应可能影响人体健康的食品。
5. 品尝菜肴须用专用工具，严禁用炒菜勺或用手取菜肴品尝。
6. 烹调间内严禁存放有毒、有害物品及个人生活用品等。

第 14 条　食品加工人员不得有任何影响食品卫生的疾病，并要严格遵守食品加工规范。厨房要经常清洁，保持干净、卫生。

第四章　库房卫生管理

第 15 条　对于采购的主副食品和调味品要严格把关，发霉、变质、过保质期等不合格食品不得入库。如发现霉烂、变质等问题，须及时处理。

第 16 条　保持库房整洁、干燥、通风、透气。冰箱（柜、库）须定期清理、除霜，做到无污水、冰碴。

第 17 条　各类食材须分类（分库）、分架存放，加盖，标识清楚。食品添加剂须由专柜保管。

第 18 条　定期检查库房里的食材，及时处理变质或超过保质期的食材，对于未及时处理的食材应标明"待处理"字样。

第 19 条　库房内严禁存放有毒、有害、非食用品及个人生活用品等。

第五章　餐具卫生管理

第 20 条　餐具必须保持干净、卫生，从餐桌上撤下的餐具应分类清洗、消毒。

第 21 条　食品餐具消毒要由专人负责,并严格执行"一洗二刮三冲四消毒五保洁"的规定。其他用具、容器、抹布也要经常进行消毒。

第 22 条　餐具柜应经常用清洗液洗涤干净，餐具要摆放整齐，柜门要关紧。

第六章 餐厅环境卫生管理

第 23 条　餐厅要定期进行清洁,并由专人负责检查,保持干净、卫生的用餐环境。

第 24 条　清洗食品时产生的废弃物要按规定存放,用餐后的剩菜、剩饭要用专用垃圾桶存放并加盖,做到垃圾污物日产日清,防止再次污染。

第 25 条　积极做好防虫措施,餐厅内经常保持通风。

第 26 条　严禁非工作人员进入操作间。

第七章 餐厅卫生检查

第 27 条　卫生管理人员须每天不定时抽查餐厅的大厅、外厅、厨房、用具、设备、设施等的卫生状况,做好记录,并向餐厅负责人提出改进意见。

第 28 条　抽调相关卫生管理人员组成卫生评定小组,每个星期全面检查餐厅卫生状况,并做好卫生检查记录。

第 29 条　餐厅卫生状况不佳且经多次通报仍未改善的,卫生管理人员有权对相关负责人进行处罚。

第 30 条　所有卫生检查记录须提交行政部,行政部经理签字确认后存档备查。

第八章 附则

第 31 条　本制度由公司行政部负责制定和解释。

第 32 条　本制度经公司总经理审批后实施。

任务 7.3　宿 舍 管 理

任务导读

企业员工宿舍管理是后勤生活管理中的一部分,它关系到企业员工的生活和休息,体现了企业对员工的关心。企业员工宿舍管理的好坏,也影响着企业工作的效率。因此,只有合理解决员工的住宿问题,才能为企业员工的工作解除后顾之忧。

1. 宿舍管理的方法

(1) 制作、填报单身员工住宿月报表

宿舍管理部门要及时制作、填写员工住宿月报表,认真做好情况统计分析。对人员住宿动态情况及时掌握。发现问题及时解决;物品设施损坏应当及时补充更换;人员搬出后,及时打扫修理后安排新的人员入住,尽量缩短房间周转期,提高房间床位的利用率。

(2) 组建宿舍管理委员会

宿舍管理委员会由宿舍管理部、员工企业的有关领导和住宿员工代表组成,三方共同制定单身员工住宿规定和办法。宿舍管理委员会应加强与上级有关部门的沟通与交流;定期征询住宿员工和所在单位的意见和建议;及时改进单身员工宿舍的管理工作;更好地为单身员工服务。

(3) 建立必要的宿舍设备物品登记管理制度

由专人负责管理登记宿舍设备设施,确保技术状况良好。设备设施要科学使用、爱护使用。要定期检查、精心维护，发现损坏及时检修更换。对锅炉、电视机、图书资料、报刊、娱乐用品等，要单独建账设卡，指定专人管理。

（4）加强库房物品管理

库房各类物品应当分类摆放，整齐有序，条理清楚，认真维护，做到无缺失、损坏、霉烂等情况发生，使库房物品账物相符。宿舍管理部门应熟悉员工宿舍的设备设施使用情况，为员工宿舍配发物品时要做到及时、准确、到位，而且手续应当完备、齐全，与登记造册的账物相符。

员工宿舍管理流程如图7-4所示。

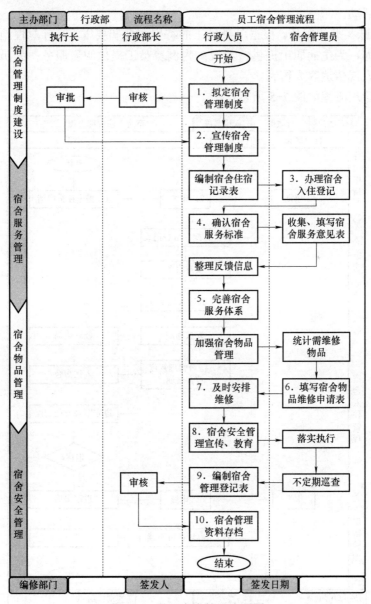

图7-4 员工宿舍管理流程图

2. 宿舍服务管理

宿舍服务管理应当围绕管理和服务两个方面进行，而且更加偏重于服务方面的内容：

1）充分发挥现有宿舍服务人员和服务设施的作用。组织好常规性的服务活动，使住宿人员在理发、洗澡、洗衣、缝衣物、购买日用品、收发邮件、打电话、预订"三饭"（病号饭、员工生日饭、团聚饭）、看病及煎中药、接待返探亲友和客人住宿等方面不出宿舍就可以得到周到热情的服务。

2）丰富单身员工的文化生活内容。电视室、阅览室、游艺室每天按规定的时间开放，电视节目每天预告。每周举行小型文娱活动，四大节日（元旦、春节、劳动节、国庆节）举办大型文体活动。

3）提供特殊类型的服务。根据单身员工的特殊需要和要求，有针对性地开办一些新的服务项目。例如，为生病职工提供营养饭；为倒班员工提供叫班服务；为员工收发快递；为员工接待客人或传达客人留言等。

宿舍入住管理流程如图 7-5 所示。

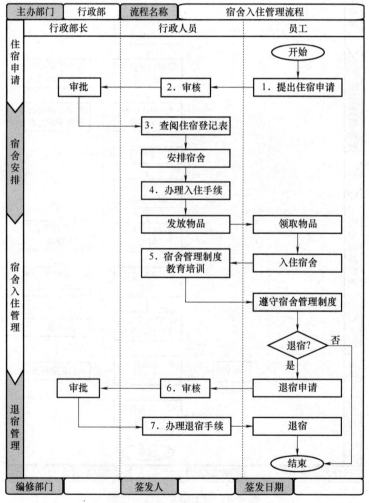

图 7-5　宿舍入住管理流程图

3. 宿舍的安全管理

（1）进行安全教育

对住宿人员、服务人员定期进行安全教育和培训，加强宿舍相关人员的安全意识和安全管理意识。

（2）制定安全责任制度和制订相关措施

对宿舍的锅炉工、电气工要进行专业安全技术培训，经考核合格取得相应的资格证后，才能上岗操作；要制定安全责任制度和制订相关措施，明确规定住宿管理人员、服务人员、设备操作者的安全责任和权利；要坚持定期安全检查和日常安全检查制度；定期检查安全责任制落实情况和班组安全活动开展情况；定期检查机电设备和建筑设施的安全状况，发现隐患，及时处理排除，确保宿舍的管理安全。

（3）应当遵守治安管理条例

要严格遵守执行《中华人民共和国治安管理处罚法》（以下简称《治安管理处罚法》），并且结合《治安管理处罚法》制定相应的实施细则，制定出合理的治安规章制度，加强治安综合治理。要建立健全常住人口和暂住人口的登记管理；加强门卫保安管理，建立会客来访登记制度；传达室工作人员、服务人员要严格贯彻执行宿舍管理的各项制度；做好交接班记录；要与治安保卫部门和员工所在企业配合，加强宿舍秩序管理，防止偷盗抢劫、打架斗殴、酗酒滋事、赌博争吵等现象的发生。宿舍管理部门可以制定宿舍卫生管理规定公示。

4. 换房居住及退房管理

（1）换房居住

企业员工按照公司所定手续申请，经公司批准的入住者，一般情况下不可以随便换房居住，但是由于方便工作和休息的原因，例如，同一时间上下班的人员或班组，为了统一上下班和休息的人员，可以调换在一起居住；或者由于宿舍管理上的需要时，员工应服从宿舍管理员换房居住的要求。

（2）退房管理

退房是指企业员工因工作调动到其他企业或单位；居住者因为结婚或者其他原因，自然丧失了公司所规定的居住资格；或因本人故意或重大过失造成房屋损失时必须依照规定退房。员工可以申请退房。员工在退房时，管理者应当给予其一定的退房搬家时间，再办理相应的退房手续。同样，宿舍管理部门可以制定相应的退房管理规定。

任务 7.4 环 境 管 理

任务导读

良好的工作环境对内能使人轻松愉快的工作，保障员工的健康，确保员工办公效率，提高员工满意度。对外可塑造良好企业形象，提高企业美誉度。

💡 想一想：企业环境包括哪些方面？如果你将来在企业工作，你会向职能部门提出哪些建议？

_____

_____

_____

1. 办公室 5S 活动

办公区环境管理是一项由企业行政部门推动、全员参与的活动。其内容包括工作的规律化、用品工具摆置的固定化、环境的整洁化等。日本企业较早推行的 5S 就是一个很好的管理方法，"5S"是整理（Seiri）、整顿（Seiton）、清扫（Seiso）、清洁（Seiketsu）和素养（Shitsuke）这 5 个词的缩写。日企的 5S 指的是在生产现场对人员、机器、材料、方法等生产要素进行有效管理，这是日本企业一种独特的管理办法。

（1）整理

整理就是将办公室内杂乱无章的部分加以收拾、分类、废弃等。

1）个人部分的桌子、抽屉、橱柜等以及公用部分的储藏室、会议室、档案室、洗手间、饮水间、复印室、仓库等都应逐一收拾、清理。

2）将不需要的、过时的、作废的、破损的资料、档案、书籍、杂志、手册、文具等物品清理出来。

3）将需要的、完好的、常用的、不常用的一一给予分类。

（2）整顿

整顿即将空间重新分配，并使其系统化、规律化、固定化。

（3）清扫

如果说整理是针对"乱"，那么清扫则是清除"脏"。办公区环境中的垃圾区、卫生间等都是藏污的地方，如果不及时清扫，将会严重影响办公环境。

（4）清洁

清洁主要包括维持整理、整顿、清扫后的成果，并坚持下去；寻找脏乱的原因，杜绝脏乱的源头。

（5）素养

实施"5S"管理的目的就是要让大家养成良好的工作和生活习惯。

1）物归原位，即工具、文具、档案、资料用完后将其放回原来位置。

2）会议结束后，应随手将纸、水杯带走，并将椅子摆放整齐。

3）印错、作废的复印件放置在固定纸箱内，可供行政办公部门再利用。

4）饮水机上不要设置其他物品等。

> **随堂测**
> - 你认为办公区环境管理应全员参与还是部分人员参与即可？
>   　　　　　　　　　　　　　　　　部分人员参与　　　全员参与
> - 你赞同日企的 5S 管理方法吗？　　赞同　　　　　　不赞同

2．日常环境绿化管理工作

1）各责任人按照环卫绿化管理制度和作业标准开展作业，确保日常的生产经营活动，实现环卫绿化工作目标。

2）日常的环卫绿化工作包括环境绿化管理、环境卫生管理、办公环境维护等。

3）指导环卫人员做好设备保养工作。

4）做好新进环卫人员的培训工作。

5）根据环卫绿化管理制度和企业年度环卫绿化计划，编制各阶段的工作计划。

6）对比工作计划，定期开展工作总结，总结经验，改进不足。

7）日常工作中发现物品损失或报废的，应及时登记与上报，经主管领导签字确认后，进行物品更新并登记。

3．环境绿化管理流程

环境绿化管理流程如图 7-6 所示。

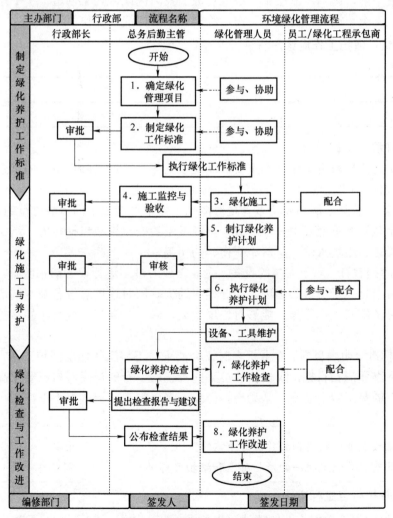

图 7-6　环境绿化管理流程图

任务 7.5 卫生管理

任务导读

好的环境卫生管理还能逐步实现企业管理的规范化、标准化和程序化,提高企业的管理水平与竞争力水平。

1. 加强办公室的清扫工作

(1) 清扫工作程序

清扫是指将办公场所和生产现场的工作环境打扫干净,将设备保养完好,使其保持在无垃圾、无灰尘、无脏污、干净整洁的状态,并防止污染的发生。

工作中我们会产生不少的灰尘、油污、垃圾等,使现场脏乱不堪,而且脏污的工具设备其精度也会下降,影响产品质量,造成事故多发。因此,为了创造一个干净、舒畅的工作环境,保证安全、愉快、高效地工作,我们必须实施清扫工作。

➡ 想一想:清扫工作应该怎样进行?

_____

_____

_____

(2) 做好清扫工作教育

许多人认为清扫教育工作并不重要,既耽误工作,又没实际作用,但是企业只有有效地实施清扫教育,才能预防安全事故的发生。企业清扫教育工作主要包括以下三方面内容:

1) 清扫安全教育。清扫安全教育是对清扫工作中可能发生的事故进行的预防和警示。如不进行安全教育有可能发生安全事故,可能发生的安全事故包括触电、刮伤、碰伤、摔伤、洗涤剂腐蚀、尘埃入眼、坠落、扎伤、灼伤等。

2) 实施清扫教育。对于大型的设备,企业需要对员工进行设备清扫教育,使员工了解如何减少设备老化、避免事故出现及降低相应损失。同时通过对设备基本制造的教育,使员工通过学习了解其工作原理,能够对出现尘垢、漏油、漏气、震动、异常等状况的原因进行分析。

3) 制定标准、明确目标。企业很多时候会要求员工将工作场所清扫干净,可是却没有明确的清扫标准和清扫目标,仅仅依靠员工的责任心,有的员工对自己要求高,清扫得非常干净;而有的员工敷衍了事,认为清扫得差不多就行了,清扫得不干净。

> **随堂测**
> - 你认为企业进行清扫工作教育重要吗?　　　　重要　　　　不重要
> - 企业有必要制定统一的清扫标准和清扫目标吗?　有必要　　　没必要

2. 制定并执行卫生标准

1) 总务后勤主管根据企业的清洁卫生要求与实际情况,制定卫生标准。

2）卫生标准经行政部长审批后，方可公布。
3）保洁人员根据卫生标准进行清洁卫生作业。
4）新进保洁人员须学习掌握卫生标准。
5）当设立新区域卫生标准或更新卫生标准时，保洁人员须接受相关培训，以达成卫生目标。

3．日常卫生维护与检查

1）日常办公过程中，按卫生标准进行日常卫生维护。
2）定期盘点、保养、维护清洁用具。
3）按规定定期进行卫生检查工作。
4）参照"卫生检查管理流程与工作标准"进行卫生检查操作。
5）根据卫生检查表，判断各区域卫生情况是否达标。
6）公布达标区域的检查结果。
7）针对未达标区域提出处罚决定与改善建议，报行政部长审批后公布。
8）保洁人员根据处罚决定与改善建议，督促相关部门落实卫生改善工作，创造一个清洁卫生的办公环境。

4．卫生管理流程

卫生管理流程如图7-7所示。

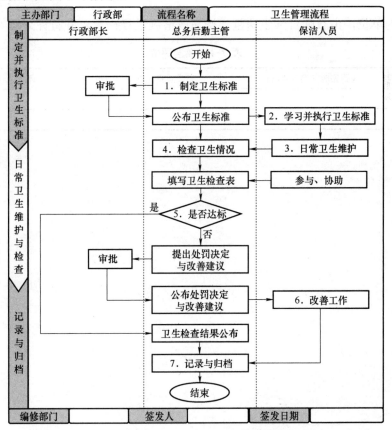

图7-7 卫生管理流程图

课堂实操

实操1：以小组为单位,每组5~7人,讨论企业餐厅负责人如何才能管理好企业餐厅。

实操2：以小组为单位,每组5~7人,讨论如何美化企业环境。

课堂评价

以小组为单位,由教师对学生课堂实操完成情况进行评价,并将评分填入表7-1中。

表7-1 课堂评价

评 价 项 目	是否完成（满分40分）	完成质量（满分60分）	考评成绩（满分100分）
实操1			
实操2			

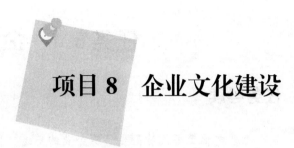

项目 8　企业文化建设

名人名言

任何一个文化的轮廓,在不同的人的眼里都可能是一幅不同的图景。

——雅各布·布克哈特

能力目标

掌握企业文化的基本规划。
掌握企业文化活动开展与管理流程。
运用网站展示企业文化。

素养目标

具备必要的企业文化宣传能力。
具备必要的企业文化管理能力。
具备必要的网站编辑能力。

任务描述

亲爱的同学,你想知道企业文化是如何形成的,优秀的企业文化是如何管理和宣传的吗?在管理过程中需要掌握哪些必备的知识和专业技术能力?通过本项目的学习,会让你对企业文化建设有全新的认识。企业文化建设可以分解为以下任务,如图 8-1 所示。

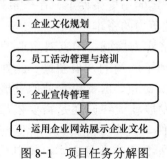

图 8-1　项目任务分解图

任务 8.1　企业文化规划

任务导读

企业文化管理人员需要了解企业的前进方向、管理层的价值观、员工日常心理状态等，才能顺利地开展工作。同时，企业文化管理人员还应明确文化的重要性，审时度势地提出适合企业发展的建设性意见。

↘ 想一想：你认为企业文化管理人员有哪些职责？

_____

_____

_____

1．文化概述

"文化"一词起源于拉丁文的动词"Colere"，意思是耕作土地，后来引申为培养一个人的智慧、兴趣和能力。我国古代统治者用"文化"来管理社会、治理平民百姓。他们认为文化就是一种社会现象，是经过长时间的发展形成的产物，同时又是一种历史现象，是社会历史遗留的印记。

华为公司创始人、我国著名企业家任正非先生曾经说过："资源不会是长存的，是会枯竭的，只有文化才能生生不息。"确实，文化是生生不息的，中华民族有着五千年的灿烂文化历史，从夏朝一直到现在，出土的珍贵文物数不胜数，流传的文化习俗绵延至今，盘古开天地、女娲补天等传说耳熟能详。文化深深影响着华夏子孙的一言一行、一举一动。

2．企业文化的内涵

"企业文化"最早出现于 20 世纪 80 年代。关于企业文化的定义，据统计有 180 多种，其中罗宾斯在《管理学》一书中这样描述：企业文化是组织成员共有的价值和信念体系，这一体系在很大程度上决定了组织成员的行为。企业文化是企业在长期生产活动中逐步形成的，是全体员工共同认可并愿意遵守的，关乎企业的价值观、管理制度、员工行为方式等。企业文化的本质是企业在一定的历史条件下、在一系列价值选择时的一种凝聚人心、实现自我价值、提高企业核心竞争力的资本。

随着国家的繁荣昌盛、经济实力增强，国家对企业的减税力度也大幅加大，让更多的企业，特别是中小微企业得到了广阔的发展空间。此外，国家也针对一些研发高精技术的企业出台了免税的重大利好政策，这都对企业的发展有着前所未有的帮助。虽然有了国家政策的支持，但企业的发展壮大终归还是需要依靠企业自身的努力奋斗，外部环境和政策机遇等都只是次要条件，企业自身实力、价值观念、员工工作努力程度、文化氛围、道德规范等才是企业长久不衰的立身之本。其中"企业文化"更是企业经营中需要着重强调的,人们对企业文化的重要程度也不吝赞词,比如将企业文化比作"公司的灵魂",认为企业战略是企业管理的硬管理链条,企业文化是推动企业发展的软实力链条。

3. 建设企业文化的意义

在信息化、智能化的经济时代,企业之间的竞争,不仅是企业硬实力的竞争,在某种程度上是企业文化的竞争。企业文化是企业核心竞争力的一个重要体现,企业文化无时无刻不在影响着员工的忠诚度、积极性、个人追求,有了文化的指引,企业的经营管理才会顺畅;有了文化的熏陶,企业的价值观、思想理念才会更容易被员工所接受;有了文化的积淀,企业才能在激烈的市场竞争中找准发展方向,实现企业的可持续发展。

由于企业文化的建设往往是一个系统性的工程,企业文化建设不能盲目进行,需要有一套详细的规划和完善的方案。

从形式上,企业文化属于思想范畴的概念。企业文化属于人的思想理念和价值范畴。一个国家的治理,仅仅依靠法律的约束是不够的,法律也有失效或者监管不到的时候,这时候就需要社会道德。所以在依法治国的基础上,还需要"依德治国",管理企业也是一样,企业的规章制度也有失效的时候,这时候文化约束就在企业生产发展中起到至关重要的作用。

从内容上,企业文化是反映企业行为的概念。企业文化在内容上是对企业现有生产活动过程的反映,是企业制度安排在人的价值理念的反映。例如,企业文化要想扩大自身的经营规模,首先要在员工中树立团结和诚信的理念,只有内部形成凝聚力,才能实现效益最大化。

从作用上,企业文化是规范企业行为的价值概念。积极探索新形势下企业文化建设的规律,构建符合时代需要、符合现代企业制度需要的文化体系,能够增强企业的核心竞争力,提高企业经济和社会双重效益,营造良好的文化氛围,为进一步释放企业活力提供巨大的力量源泉。

4. 企业文化建设原则

(1) 以人为本

企业要把人视为最珍贵的资源,只有通过尊重人、理解人、鼓励人等方式,开发人的潜能,极大地调动人的积极性和创造性,才能使企业的管理更具凝聚力、科学性。心理学家马斯洛的需求层次理论将人的需要分为五个层次,分别是生理上的需要、安全的需要、社交的需要、尊重的需要和自我实现的需要,依次由较低层次到较高层次排列。这就说明,如果一个员工在工资、职位、社交、尊重等方面得到满足,那么他将有极大的幸福感,那么他没有理由不努力工作。因此,企业要力争做到每一个环节都有员工参与,每一项政策都要考虑员工的利益,形成一个全员参与、全方位互动的和谐局面,实现员工价值与企业发展的有机统一。

(2) 价值原则

企业在进行文化建设时,要切合实际,符合企业定位,一切从实际出发,做好人的思想工作,调动人的工作积极性,发挥人的潜能是做好工作的前提基础和重要保障。新时代的员工在思想意识、人生观、世界观和价值观上表现出多样化的倾向。把握员工思想动态，了解员工需求所在，就要选准切入点，引导员工解放思想、转变观念。而这一切都需要建立行之有效的企业文化体系才能实现。

（3）榜样示范作用

在企业文化建设中，需要企业领导者或者员工模范起带头作用，从某种程度上讲，企业文化是企业家以及领导阶层价值观的集中体现，企业家是企业文化的缔造者、倡导者、推行者。因此，为了能够让员工信服企业文化的影响，领导层需要身先士卒、以身作则，承担起应负的责任，树立榜样，努力调动全体员工的创造性和潜力，从而依靠全员的力量建设企业文化。

（4）突出特色

制订切实可行的企业文化建设方案，要把学习、改革、创新作为企业的核心理念，根据企业所在的行业领域，建设符合行业背景、切合企业需求、有自身鲜明特色的企业文化。要从企业特定的内部条件和外部氛围出发，将领导层与普通员工的智慧有机结合，总结出本企业的优良传统风格，在理论和实践两方面，形成既具有时代特征又独具魅力的企业文化。

（5）继承创新，博采众长

要注意继承和发扬中华民族的优秀传统文化，挖掘整理本企业长期形成的宝贵文化资源，并适应社会主义市场经济的需要，用发展的观点和创新的思维对原有的企业精神、经营理念进行整合和提炼，赋予新的时代内涵，在继承中创新、在弘扬中升华。要将弘扬中华优秀传统文化与借鉴国外先进理念相结合，在开展国际合作业务的过程中，注意学习和借鉴合作方的先进文化，尊重文化差异，增进文化沟通，注重取长补短，促进共同发展。

5．企业文化建设目标及方法

企业文化像一根纽带，把员工和企业的追求紧紧联系在一起，使每个员工都产生归属感和获得感，企业文化的这种凝聚作用，在企业陷入经济危机时或者是在企业初创时期尤为关键。企业的目标通常分为近期目标、中期目标、远期目标。企业通常会从精神、行为、制度、物质等四个方面整体推进文化建设，使之系统地运作，从而构建一个集科学性、前瞻性、可行性为一体的企业文化建设规划体系，规范企业和员工的思想与行为。

企业领导者要主动地、有意识地进行企业文化建设，企业文化须与企业制度、管理模式、企业发展战略规划具有同等重要的地位。由于人们对文化的认识和接受需要一个过程，甚至会出现不赞同或排斥的情况，因此要做好企业文化知识的培训，确保企业文化在全体员工中得以贯彻和执行。在企业文化的长期建设过程中，企业家始终是指引者，员工是建设的主体。企业文化不可设计，只能提炼和磨合。企业应客观分析自身的优劣势，明确责任人，形成企业文化建设方面的考核评估和激励机制，将企业在长期生产经营活动中形成的职业道德、精神风貌、主体意识等进行归纳、提炼和推广。总之，无论是刚刚发展起来的还是已经形成规模的企业，都要把企业文化建设当作一项长期而又艰巨的任务来对待，使得企业文化贯彻于每一名员工的脑海中。

项目8 企业文化建设

管理个案

　　1984年，海尔集团创立之初还只是一家濒临破产的集体所有制小企业。当时员工都羡慕国有企业的很多优惠政策，很多员工说"我们不得'天时'"。当时员工上班没有活儿干，加上工厂位置不太好，都觉得这个厂早晚要完蛋，因为年年亏损。有的员工说"我们不得'地利'"。1984年上半年，企业还有800多名员工，到了下半年，剩下不到700人，有100多人写请调信调走了，工厂人心涣散，不得"人和"。

　　天时、地利、人和都得不到，很多员工对这个企业丧失了信心。就在1984年12月26日，现任集团首席执行官张瑞敏成为青岛电冰箱厂的厂长。他上任后，大胆解放思想、锐意改革，倡导新的企业文化，提升企业的凝聚力。在他的领导下，海尔倡导"敬业报国，追求卓越"的企业精神，"要么不干，要干就要争第一""优秀的产品是优秀的人造出来的""市场唯一不变的法则就是永远在变""只有淡季的思想，没有淡季的市场""否定自我，创造市场"等新观念不断映入员工的脑海，不断转化为员工自觉的行动。

　　企业文化一旦被员工认同了，就会指导他们的思想和行为，正是由于海尔文化的不断形成，不断转变和影响着员工的思想观念，最终把所有海尔人凝聚在一起，迸发出海一样的力量，不断推动着企业的发展。凭借着优秀的企业文化和不懈的努力在36年的时间里，海尔从一家濒临破产的集体所有制小企业发展成了一个跨国公司。

请你回答：

你是怎样理解海尔"敬业报国，追求卓越"的企业精神的？海尔为什么会成为一个跨国公司？

_____

_____

_____

● 你认为企业文化对一个企业重要吗？　　　　　　重要　　　不重要

任务8.2　员工活动管理与培训

任务导读

　　行政管理人员可根据企业的实际情况安排员工开展活动，并进行管理。如开展员工的庆生活动，给员工送生日礼物，组织成立员工俱乐部，丰富员工的业余生活。

↘ **想一想**：你认为员工活动开展的必要性有哪些？

_____

_____

企业文化建设是企业管理的重要内容，企业拥有了自己的文化，才更加有生命力。企业可以根据需要定时或者不定时举办各种员工活动，这样不仅能够丰富员工的日常生活，还可以增强员工的团队意识和集体荣誉感。

任何企业都经历了从无到有、从小到大、从不规范到规范的成长历程。企业的员工活动管理与培训，同样也需要一个成熟的过程。美国著名管理学家彼得·圣吉曾经说过，"如果人们的思维方式没有改变，那么，任何改革都将是徒劳无用的。"这就说明，企业在进行员工活动管理与培训过程中，首先要统一思想观念，从员工的思想意识、人生观、价值观、世界观等方面进行规范与引导，从根本上让员工认识到活动管理与培训的重要性，提高全员参与的积极性和主观能动性，使活动培训效果最大化。

企业员工活动的开展，并不能立刻产生可观的效果，往往"远水解不了近渴"，容易被企业所忽视。现在大部分企业存在培训主管部门检查考核力度不够、培训承办部门组织不力、师资队伍力量薄弱、参训人员对活动培训重视不够等问题，因此，有效开展员工活动与培训是提升企业人力资源建设的有效措施之一。

员工活动管理办法的具体内容如下：

1．目的

1）体现公司的福利机制，丰富员工的业余生活，促进沟通，加强团结。
2）规范活动经费标准和申请报销流程。
3）提升员工工作质量水平和思想观念意识。

2．适用对象

适用于公司全体员工。

3．经费标准与条件

（1）费用标准

经费标准见表8-1。

表8-1　经费标准

活动类别	活动频度	经费标准		其他条件
部门级活动	季度	聚餐类：50元/人	二选一	需要提供正规发票
		拓展/户外活动类：65元/人		
公司级活动	半年度	行政部统一筹备，标准另行申请		

（2）活动时间

部门级别活动频度为每季度一次，可优先选择元旦、端午节、中秋节、国庆节等节日附近日期或适合户外活动的最佳季节。

4．操作流程

具体如下：

部门负责人填报"活动申请表"→行政负责人初审→财务部会审费用→主管副总审批→总裁核准→部门负责人依规定借款→活动举行→部门负责人依发票报销。

5．员工外出集体活动

（1）员工外出集体活动应遵守的基本原则

1）安全第一，预防为主。

2）业务对口，工作需要。

3）量力而行，不需勉强。

4）统筹安排，规范有序。

5）统一管理，分级负责。

（2）外出集体活动的类型及限定范围

1）聚餐活动。其限定范围为周年活动庆典等聚餐活动。该活动由实施部门报公司分管领导批准后执行。

2）业务考查。其限定范围为实施改革、采购物资、开展建设等业务工作的前期考察活动。该活动在实施时由实施部门编制详细方案，经报批后执行。

6．相关规定

1）所有活动申请以部门为最小单位，该部门负责人为活动的第一筹备者、执行者和风险管控者。

2）申请拓展或户外活动的部门，应在"活动申请表"递交的同时，提供相应的活动策划书、安全保证书，一并进行查核、审批。

3）所有活动的对象是公司的在职员工，公司只支付此部分人的费用。未经批准擅自将经费给非本公司员工使用的，将依据公司条例严肃处理。

4）所有活动申请需提前一周，且不得影响正常工作的运营，不能占用正常的工作时间。

5）活动中必须注意安全，相互协作，团结友爱，因员工个人原因造成的事故，由员工个人承担。活动经费报销在标准内以实际发生额为准，超标准支出部分由部门负责人安排参与员工自负。

7．其他

本管理办法经公司管理层讨论通过，即日起生效。此前颁布的管理办法与本管理办法相冲突的即行废止。本管理办法的日常解释由行政人事部门负责。

1）活动室只面向公司在职员工开放，禁止一切外来人员入内，公司员工出入活动室须出示工作牌，经管理人员确认后方可进入。

2）公司委派专人负责活动室的各项管理工作，并负责活动室公共设施的安全保障工作及秩序维持工作。同时，严格控制活动室的开放和关闭时间，并做好相应记录。

3）对员工的奖惩实行精神鼓励和思想教育为主、经济惩罚为辅的原则。

任务 8.3　企业宣传管理

任务导读

企业文化建设是企业经营和长远发展的保障，只有建立了诚信的企业文化，让员工信服企业生存、发展的文化理念，才能从根本上解决员工忠诚度、人才流失等一系列问题，因此，企业在文化宣传方面要抓住重点、抓准方向，从而增强企业员工团队凝聚力。

➥ 想一想：你认为企业应该通过哪些途径宣传自己的文化？

_____

_____

_____

企业文化是一个企业在长期生产经营过程中发展起来的，企业的员工队伍也是在不断更新换代的，新进员工工作有激情、有魄力，但企业需要对新员工的思想动态和努力方向进行一定的培训与教育。企业文化是企业发展的精神动力和思想灵魂，在一定程度上反映管理者和员工的文化素养以及文化追求，优秀的企业文化理念能凝心聚智、提振士气，也能让企业不断优化管理流程，完善制度，并在竞争中做出符合企业发展方向的抉择，进而为企业带来巨大的经济效益。反之，低劣的企业文化让员工嗤之以鼻，形成恶性循环，带坏新进员工，导致企业破产、员工失业。

1. 基本原则

企业的文化宣传管理应该遵循以下三条基本原则。

（1）坚持"以人为本、立德树人"

坚持以人为本的科学发展观，是建设和发展具有中国特色的优秀企业必须遵守的原则。企业应把培养德才兼备、全面发展的中国特色社会主义合格建设者和可靠接班人作为一项重要任务。应坚持立德树人，树立员工正确的世界观、人生观、价值观，将法律法规和道德素养结合到一起。企业的发展既需要法律的强制性效用，也需要道德的文化熏陶。只有把以人为本和立德树人结合起来，才能使企业文化建设取得实实在在的效果。

（2）不断强化诚信管理和提升企业品牌形象

企业要深刻地认识到诚信文化的重要性，深刻地认识到诚信是一个企业发展的根基，加强企业信用建设，才能塑造良好的企业形象与口碑，企业才能够发展壮大。严格履行合同契约、遵守行业规则才能树立良好的信用形象，如果企业存在欺骗、欺诈等不诚信行为，就很难找到合作对象共同发展，用户也会怀疑企业的诚信，选择其他企业作为替代，久而久之，形成恶性循环，会令企业破产倒闭。因此，要把诚信作为员工的基本行为准则，作为企业的核心文化理念，大力提倡诚信、守信、公平竞争的优良传统，要求人人讲信誉，使企业形象提升到一个新的水平。

（3）企业的"言"与"行"要统一

企业对外进行宣传，首先要注意企业的言行是否一致，将企业的基本概况、文化理念、优良成果等向外界进行公布，都要做到诚实守信、言出必行，一五一十地将自身实力与条件公之于众。企业的"言"主要反映在企业的文化内涵中，包括品牌宣传、规章制度和对外形象的树立上。品牌文化是企业文化的一个重要组成部分，是对外宣传的核心，宣传得过于浮夸甚至有欺骗行为，反倒会引起人们的反感，因此，要在"言"上谨慎。

谨言慎行，说得出也要做得到，企业的"行"主要体现在企业的经营管理过程。企业行为涉及的范围很广，对外宣传的"言"是要靠行为的努力，企业内部行为如果不规范、不公平、不公正，那么对外宣传的"言"字，也就形同虚设。企业的"行"主要包括内部行为和企业市场行为。企业的行为混乱势必会导致企业形象难以树立，也会影响员工工作的团队合作能力和凝聚力，造成人才流失。如果一个企业的产品和服务质量低劣，无论在宣传时候口号喊得如何漂亮、广告设计得如何唯美，都无法得到社会公众的认可，更谈不上人人称赞的企业形象与口碑。

管理个案

蒙牛集团创始人牛根生为了让企业文化深入人心，在做法上可以说有些极端。比如2005年举办了"大考核、大比武"活动，要求所有人在规定时间接受企业文化的"全国统考"，全国设20多个考场，从副总裁到清洁工无一例外都要参加。考试不及格的人要及时补考，补考的人压力很大，尤其是管理干部。如果因为不及格而被列入试用，威信就荡然无存，根本就无法领导下属。所以，全公司上下都特别紧张，拼了命地背题。牛根生的观点是："企业文化为什么要背？因为成年人在工作之余，脑子里没有什么是根深蒂固的。但是用两个月的时间去背会这些理念，至少能让这8 000字在他们的脑子里变得根深蒂固。那么，考完试以后，再去做事的时候，这8 000字的思想很容易就会影响他们的行为，因为只有这8 000字的信念记得最牢！"

蒙牛强调：价值观是一切活动的总开关，必须得到统一。公司上下形成了重视企业文化的氛围，使得蒙牛成功地对普通工作人员进行了理念灌输，把他们转变成职业人、工作者，帮他们形成一个工作者的工作习惯和生活习惯。这就使他们和职业经理人在价值观上达到一致，减少了工作中的摩擦和碰撞。

请你回答：

蒙牛的企业文化是怎样形成的？

_____
_____
_____

从蒙牛企业这个案例中，我们不难发现企业的价值观、文化理念对企业的重要性，这一做法充分地宣传了蒙牛企业文化理念、价值观等。

在进行企业文化建设的过程中，不但要对内部员工宣传企业文化，也要对外宣传企业的价值观、文化理念等。对内部，企业通过构建企业文化体系，来明确企业未来的战略方向，明确企业员工应该遵守的规范，统一员工思想行为，从而提高竞争力、向心力和凝聚力。对外部，企业通过构建品牌文化体系，让更多的消费者认可企业的产品质量、服务质量、品牌形象、国际声誉等，从而产生巨大的品牌效应。企业文化力的构成如图8-2所示。

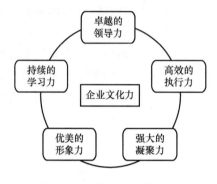

图8-2　企业文化力的构成

- 你认为企业有必要宣传企业文化吗？　　　　　必要　　　不必要

2．宣传管理的作用

（1）有利于企业员工的思想建设

企业宣传有利于企业文化建设，其中起到的重要作用就是有利于员工的思想建设。众所周知，企业团队是企业文化的重要组成部分，想要建设优良的企业文化，有一个专业的、有凝聚力的团队是至关重要的，而企业宣传有利于团队的思想建设，可以帮助团队提高互帮互助意识，使团队在工作中更有激情、更加专注。企业的经营理念以及对员工未来发展的谋划，都有利于提高员工对企业的责任感，增强员工的发展信心，提高企业团队合作过程中的效率，从而促进企业的发展。

（2）引导企业文化建设方向

企业的长远发展不仅要依靠企业产品质量、服务质量，还与企业的文化建设关系密切。企业文化在企业发展的过程中所扮演的角色越来越被人们所重视，企业宣传工作对企业文化有先导作用，在某种程度上，企业的宣传工作可以引导企业文化建设的方向，宣传工作还能令员工对企业的理念有一个比较清晰的理解。企业的宣传工作人员也要掌握国内外其他优秀企业的做法，加强与其他企业的交流，及时补充新的前沿动态，取其精华，弃其糟粕，不断提升企业文化内涵，引导企业走在正确的道路上。

3．宣传管理的分类

宣传是一种在特定场合专门服务特定议题的信息表现手法，用来引导一些特定群体的关注。从传统意义上来说，一般举行的宣传活动都是围绕某个特定的主题，使用多种不同形式，向目的群众宣传自己的某个观点,并通过具体行动,引导目标群众也相信自己所持有的观点。

(1) 对内宣传管理

企业文化建设规划内容一般分为四个层面,分别为:物质层文化、行为层文化、制度层文化、核心层精神文化。物质层文化主要是指生产环境、企业面貌以及提供的服务;行为层文化指员工在生产经营以及娱乐活动中产生的文化氛围;制度层文化是企业高管制定的企业领导机制、企业组织机构、企业管理制度等三方面文化制度;核心层精神文化是指企业经营过程中,受一定社会文化背景、意识形态影响而形成的精神成果和文化理念。

企业可通过领导层榜样作用、晨读、例会、张贴企业文化标语、外出参观实习、参观企业发展史陈列室、文体活动、创办企业报刊、定期组织企业文化考试等一系列措施,提高企业文化传播力度,增强员工企业文化意识,渗透企业文化理念与价值。并且根据员工表现可以实施奖惩措施,进一步促进企业内部文化理念的传播。良好的企业声誉不同于广告,广告可以一夜之间策划出来,而企业声誉必须经过长期的一点一滴、日复一日的努力来造就。

(2) 对外宣传管理

企业文化建设中,宣传工作是极为重要的一个环节,做好企业的宣传工作既能提高企业内部的凝聚力,还能提高企业对外的品牌竞争力。对外宣传工作的开展,不仅需要企业宣传部门工作人员的努力,更需要企业全体员工共同的努力,可能某一位员工的不当言语或行为就会对企业带来巨大的影响,因此需要企业所有工作人员的协作。

通过网站建设、企业互访、权威宣讲、广告代言、创办企业报刊等方式能够逐步地帮企业建立企业声誉,但外在的宣传是靠产品的质量体现的,并不是宣传得很到位,广告明星代言人知名度高就可以的。消费者只有通过大量的产品试验,了解到产品的质量是上乘的,才会意识到这种高质量是一贯的。在消费者乐于相互交流经验的市场中,声誉的传播要比在其他市场中快得多。口碑效应带来的效果是任何以上方式都无法比拟的。声誉能够相对较快地被树立起来,同时也能相对较快地被破坏掉。因此,产品的质量以及服务质量是声誉的根基,只有在保障质量的前提下,才能使企业声誉得到长久的认可。

企业宣传管理对企业的生存与发展有着无与伦比的作用,建立起来的良好声誉也需要企业通过物质成本和时间成本进行维护。实践证明,一些上市公司的声誉稍微受到一些影响,比如传出来一些对企业声誉不太好的消息,它的股票价格马上就会下跌,甚至企业高层的地位也会受到动摇。在数字化时代,企业宣传管理显得尤为重要,新媒体成为企业对外宣传的重要载体,数字媒体网络技术、无线通信网、微博、微信公众号等都可以作为企业对外宣传的媒介,运用好这些新媒体能够在数字化时代第一时间就将企业的优秀成果推送给世界各地的用户。

任务8.4 运用企业网站展示企业文化

任务导读

随着社会的进步和文明程度的提高,互联网对传统媒体产生了巨大的威胁已成为不争的事实，面对这种形势，依靠新媒体宣传企业成为当前舆论宣传的主要渠道，甚至被作为唯一的手段。但是，我们也应该清醒地意识到，企业网站也是一种工具，工具的使用也会因为其自身的局限性或者利用不当而对企业造成不可估量的损失，所以，通过企业网站展示企业文化要未雨绸缪，更要严谨。

➡ 想一想：如何通过网站来展示企业文化呢？

_____

_____

_____

企业文化是企业前进发展的内在动力，企业通过文化的熏陶，向员工灌输企业的理念。员工只有从心底认同企业的发展战略，并与企业同甘共苦共奋进，才能将企业不断提升到更高的水平，使企业能够在行业领域得到广泛认可，同时员工也能跟随企业的脚步，不断提高自身能力水平和收入水平。

然而，新媒体时代到来，人们更多地通过计算机、手机来接收外界信息。企业网站等新媒体让传统媒体黯然失色，并取而代之成为当今时代宣传企业文化的主流媒介。

1．网络传播的特点

在新媒体时代的背景下，网络传播成为舆论宣传的新势力，无论是传播的主体，还是客体，甚至是传播的技术以及传播的内容，都成为新时期主要的媒介。首先，新媒体注重信息与图片、数据的整合，让受众在听觉、视觉等感官上获得多方面的体验。其次，网络传播具有明显的及时性和互动性的特征，可以在任何时刻发布最新信息，也能够有效地与公众群体互动，还能获得最新的信息。

2．网络传播对企业宣传工作的影响

（1）使宣传工作更有效

传统的纸媒，传播范围小、传播时效性差，随着网络传播的普及，信息传播的速率更快、传播范围更广。为了确保企业宣传工作的有效性，使其有效开展，应该借助网络进行传播。首先，宣传目标要明确，将自己企业的核心价值观和企业最想展示的企业文化放在网络媒体上，开展网络宣传的相关活动，让大众通过网站就可以了解到企业最想展示的部分。其次，要保障宣传工作的连续性，使其有序实施。但宣传工作不仅仅是宣传部门的事，企业应与员工保持良好的沟通，构建宣传发言体系，使企业文化得到充分讨论，并及时了解反馈信息，并做出相应调整。同时，还需要全体员工共同努力，全方位、多维度对企业进行正面宣传。

（2）实现了与外界的互动

互联网等新兴媒体开创了交互性信息传播的新方式，有助于形成自由、开放的舆论氛围。在信息化条件下，思想文化宣传的环境、内容、任务都需要与时俱进。对于企业重要事件的报道，要充分利用微信公众号、微博、企业官方网站等媒介进行宣传。企业还要充分利用互联网图文并茂的特点，并提高图片、视频等专题策划制作水平，以便取得良好的互动效果。此外，还可在网络阵地营造积极、正面的舆论氛围，如在网页醒目处设置主题

专栏,树立典型优秀员工形象,发挥引领、示范作用,引起社会大众共鸣,激发员工的工作积极性,提高凝聚力。

(3) 完善企业网络宣传体制

企业文化宣传要重视在新媒体领域进行。目前,许多企业已开展微信、微博和博客等网络宣传平台,企业官方网站也是主要宣传平台之一。企业文化体现企业的价值观,建设企业文化既要对内进行传播,也要对外进行宣传工作,所以在进行企业宣传时,要发挥出宣传工作的舆论导向作用,在网站上进行宣传时要对企业在发展和管理过程中体现的企业思想观念加以浓缩、提炼,将企业最新的动态及时传递给社会大众,还可以在企业网站上将自己的最新成果以及开展了哪些活动进行展示。一方面,可以让企业员工了解到企业真正的理念,以及为员工谋福利付出的努力,另一方面,可以让国内外相关合作伙伴以及潜在客户了解到企业的实力以及近期获得的优秀成果,吸引有需求的客户前来商讨合作、共同发展。

3. 网站宣传的内容概述

企业采用官方网站等一系列新媒体宣传方式,最主要的目的就是要让更多的人了解企业的背景、实力、企业文化、优秀成果以及发展前景。其中,企业文化是一个企业在长期的生产经营过程中逐步积累、提炼而成的,是以企业目标、核心价值观、企业形象等为主要内容的,能激发企业员工的工作积极性和凝聚力,也能使员工获得归属感和幸福感。要想通过网站等新媒体整体、全方位、多维度地展示、传播企业文化,需要精心设计企业网站的内容,下面将从两方面来说明。

(1) 赞助品牌栏目

现在网络专题栏目的赞助商越来越多,目的就是为了使观众通过喜爱的栏目了解到企业,形成口碑效应。越来越多的商家意识到利用网络推广和宣传自己品牌的重要性,以往那种"酒香不怕巷子深"的传统观念已经被新的营销理念打破。但我们也应该清醒地意识到,并不是所有赞助企业的品牌都得到了很好的推广,这就需要企业一方面寻找转化率高的栏目进行赞助,另一方面,赞助的栏目要与企业自身的产品性质相结合,才能有事半功倍的效果。

(2) 展示企业最新的优秀成果

很多企业自身实力非常出众,但由于宣传工作不到位,只在企业所在地范围有影响力,发展受限,甚至失去很多成为行业翘楚的机会,特别是涉及互联网、人工智能、大数据、生物技术等领域的企业,可能稍有不慎就会被其他企业超越,甚至吞并。因此,在外部环境日新月异的今天,企业要对网络宣传有足够的重视,将企业的最新成果完美地展现在企业网络媒体上,让更多想要了解企业发展的用户第一时间掌握最新信息。

> **随堂测**
> - 你认为利用网络媒体对企业文化进行宣传在新时代有必要吗?　　必要　　没必要
> - 传统媒体能否被取代?　　能　　不能

课堂实操

实操 1:以小组为单位,每组 5~7 人,讨论为什么要进行企业文化建设。

实操 2:以小组为单位,每组 5~7 人,讨论企业文化建设包括哪些内容。

课堂评价

以小组为单位,由教师对学生课堂实操完成情况进行评价,并将评分填入表 8-2 中。

表 8-2 课堂评价

评价项目	是否完成(满分 40 分)	完成质量(满分 60 分)	考评成绩(满分 100 分)
实操 1			
实操 2			

参 考 文 献

[1] 黄达强,刘怡昌. 行政学[M]. 北京:中国人民大学出版社,1988.

[2] 许庆瑞. 管理学[M]. 2版. 北京:高等教育出版社,2005.

[3] 王荣奎. 成功企业行政办公管理制度范本[M]. 北京:中国经济出版社,2002.

[4] 马小明,田震,甄亮. 企业安全管理[M]. 北京:国防工业出版社,2007.

[5] 黄海. 办公室工作实务[M]. 北京:电子工业出版社,2009.

[6] 罗建华,游金梅. 企业行政管理[M]. 北京:机械工业出版社,2007.

[7] 薛显东. 行政管理流程与节点精细化设计[M]. 北京:人民邮电出版社,2014.

[8] 成光琳. 公共关系实务技巧[M]. 北京:中国人民大学出版社,2016.

[9] 崔政斌,张美元,赵海波. 世界500强企业安全管理理念[M]. 北京:化学工业出版社,2015.

[10] 金旗奖编委会. 2017最具公众影响力公共关系案例集[M]. 北京:中国财富出版社,2018.

[11] 王益峰. 企事业单位行政办公流程与制度范本[M]. 北京:人民邮电出版社,2017.

[12] 张妍,王晓聪. 管理学实务[M]. 北京:中国财富出版社,2018.

[13] 人力资源工作网. 行政管理工作手册[M]. 北京:化学工业出版社,2018.

[14] 腾宝红. 行政管理实操从入门到精通[M]. 北京:人民邮电出版社,2019.

[15] 刘少丹. 行政办公工作流程与制度手册[M]. 北京:人民邮电出版社,2019.